唐十郎襲来！

河出書房新社

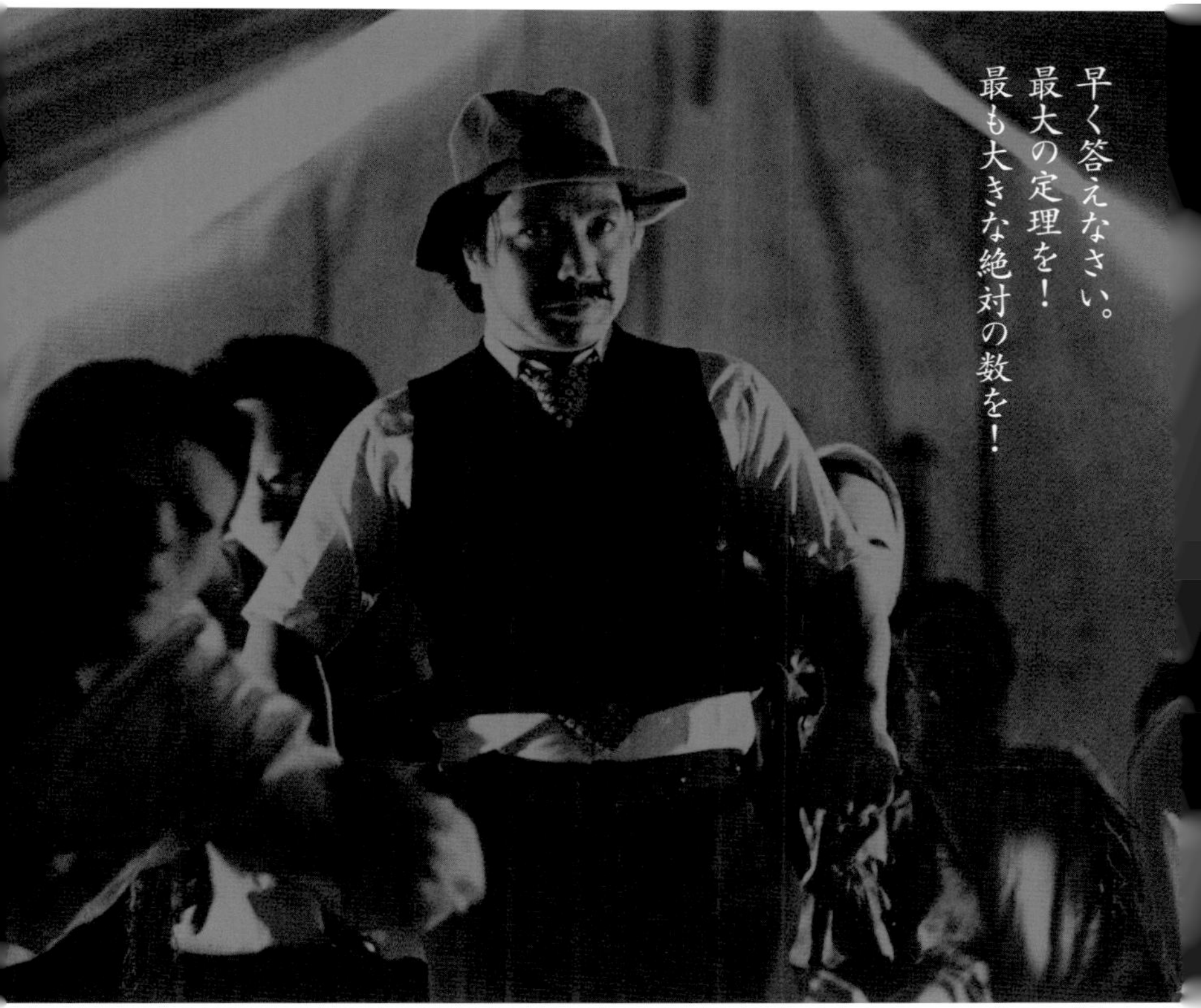
早く答えなさい。
最大の定理を！
最も大きな絶対の数を！

『唐版 風の又三郎』 ©北川信一

唐十郎襲来！

1940⇄2024

おれは……
小学生にしてチンピラだった

『紙芝居の絵の町で』 ©大木一範

僕のこれからを話す奴なんかいないんです

『**電子城Ⅱ──フェロモンの呪縛**』 ©宮内勝

『**泥人魚**』 ©藤澤邦見

その先知りたいばっかりに

目次

アルバム
唐十郎 襲来！ 1940⇄2024

巻頭言
巖谷國士 唐十郎はもういない 6

唐十郎へ
麿 赤兒 悪魔少年 14

対話
蜷川幸雄×唐十郎 皮膜、smell、アリの眼と鳥の眼 17

インタビュー
久保井研 〈唐十郎〉という事件の現場 26

＊

エッセイ　痙攣の巻

吉増剛造　光のひとり歩き――唐十郎　36
渡辺保　私の唐十郎体験　38
嵐山光三郎　唐十郎　河原乞食の遠征録　42
村松友視　唐さんとの時間　47
寺山修司　心の旅路　唐十郎の地誌学　53
安保由夫　レコード針に吹く風は　55
柄谷行人　いい加減な夕暮に　59

証言

唐戯曲を演じる
稲荷卓央　いつでも剛速球を投げられるように　61

唐十郎の演劇世界
不破万作　新たな解放区を求めて　63

ポスターから創造する
横尾忠則　土方、唐、寺山の時代　74

*

エッセイ　迷宮の巻
佐野史郎　転倒の美学　86
松岡和子　唐さんの残像　89
金守珍　唐十郎との出会いとその後　92
飴屋法水　変な名前　95
内藤裕敬　不明の正体　99
大鶴美仁音　父から受け継ぐもの　101
新井高子　一世一代の水中花　唐十郎と予見　103

＊

読解　〈読み〉の境域へ
渡辺えり　唐十郎　女性がすべてハムレット　108
川村毅　変容と様式　122
中野敦之　唐十郎戯曲上演のための新たな方法論
戯曲読解による現在化、上演方法の普遍化のために　131
樋口良澄　未完の〈もの・がたり〉　小説を書く唐十郎　145

短歌
福島泰樹　下谷万年町物語・序説　154

俳句
閒村俊一　ノックせよ　唐さんに　159

エッセイ　旋風の巻
山内則史　「芝居っけ」にあっけにとられた　162
小堀純　真ん中で、仁王立ち　164
伊藤真紀　唐十郎と「漂流体」としての紅テント　167
永堀徹　唐十郎の原点　170
新出桂子　唐さんの最後のゼミ生として　174

＊

唐十郎　最期の戯曲
『海星《ひとで》』　179
『海星』小ノート　211

年表
唐十郎略年譜　215

カバー・表紙写真撮影
藤澤邦見
ブックデザイン／帯・本文・扉イラストレーション
閒村俊一
目次写真
新井高子

唐十郎襲来！

*巻頭言

唐十郎はもういない

巖谷國士
Iwaya Kunio

唐十郎が亡くなった。十二年前の五月にいちど転倒して脳挫傷を負って以来、新作の執筆も演出もできなくなっていたが、それでもつづく劇団唐組の公演の折には、体調がよければ紅テントにあらわれ、美和子夫人につきそわれて桟敷席のうしろの愛用の椅子に坐り、久保井研に演出をまかせた自作の再演の舞台に熱中して、身じろぎもせず、ときおり涙をうかべ、終ってからは役者たちの舞台挨拶に加わって一言二言、なにか本能的な所作をしながら本来の座長として口上を述べている姿に心を打たれるとき、一瞬、いつかまた唐十郎の演出による唐十郎の新作を見られるのではないか、と空想していたものである。

だから今年の五月に届いた訃報は衝撃だった。こんどは寝台から転落し、急性硬膜下血腫のために八十四年の生涯を終えたという。唐十郎はもういない。

私はこの十二年のあいだ、紅テントを訪れるたびに唐十郎の姿を探し、たまたま会えれば握手か抱擁をして、それから隣の椅子で芝居を見、終演後の夜宴では向いあって目と目で対話しているあいだ、以前とかわらず、彼の存在によって励まされていたと思う。

鬼才とも怪物とも永遠の童子ともいえそうな稀有の人物だったが、なによりも一九六〇年代の半ばから休むことなく、変節も転向もせず、一貫して活動をつづけてきた姿勢と気魄と体力がすごい。いわゆる上昇志向もなく、権力と資本からも自由な旅芸人の長のように、いつでも移動のできる紅テントという拠点をつくって、最期までそこを離れなかったということだけでも、他とは比較のできない存在である。

変節も転向もせずに、紅テントを離れない、といっても劇団と芝居が変化しなかったわけではなく、むしろ逆だった。倒れる日まで執筆し演出しつづけた無数の台本は、すこしずつ傾向を変え、それぞれの時代を映していた。六十年のあいだに役者たちも入れかわり、観客の質も変ったから当然のことでもあるが、それ以上に、彼自身の特異な資質がそれを可能にした。

小さな字でほとんどオートマティックに書き刻んでいた唐十郎の台本の数々は、ときには時代の集合的無意識の器になり、ときには民衆文化の集音装置のような、新井高子のいわゆる「巨大な耳」になっていた。

★

私が「状況劇場」の芝居を見たのは一九六七年二月、新宿ピットインでの『時夜無銀髪風人（ジョン・シルバー）』が最初だった。山下洋輔のライヴのあと、夜中すぎに開幕したその芝居は、麿赤兒や大久保鷹や唐十郎自身をはじめとする役者たちの異様な身体と発語を通じて、なにか得体の知れない情念を喚びおこしながら、東京五輪と大阪万博に挟まれた高度成長期の社会に失われたもの、すでに廃墟になりかけている町の深層のようなものを体現していた。

七十五人で船出をしたが
帰ってきたのはただひとり

スティーヴンソンの原作『宝島』から引いたこの哀切で無惨な歌の一節は、海の冒険と旅物語ばかりでなく、太平洋戦争の消せない記憶にも対応した。もともと唐十郎の戯曲のほとんどは小説や童話や映画や演劇に材をとるが、オマージュとかパロディとかの意図は薄く、原作のなかの言葉やオブジェや場面にだけ反応して、ときには読みちがいをしたまま、それらを一気に普遍的なテーマにつなげる。そこではなにか集合的な記憶の襲来、そして復権と解放がおこなわれる。

新宿花園神社に紅テントが出現したのは、同年八月の『腰巻お仙　義理人情いろはにほへと篇』からである。夜の境内に張られたテントのかたわらに集う人影が、暗い照明のもとで戦後の夜店や見世物小屋のように侘しく華やぎ、失われた時空への郷愁を誘った。テントに入るとその郷愁が現実化してあらわれ、壊れてはまた組み立てなおされて高次の現実になる。

紅テントの芝居は劇場というものにつきまとう管理や監視をまぬかれ、中世以来の旅芸人の自由を蘇らせたかに見えた。果然、日本の各地から韓国へも移動する旅芝居が始まり、やがて七三年にはバングラデシュへ、七四年にはパレスティナ人のキャンプ地へと遠征して、旅の意味と距離をひろげることになるというのも、自由を求める行為こそが自由の証だという、現代の旅芸人の確信があったからだろう。

紅テントは体制と建物に保護されている劇場と違い、内と外のあいだにビニール一枚しかない。内でくりひろげられる芝居の現実は、終ってもそのまま外の町の現実へ、社会の現実へと連続してゆく感覚がある。そのことを目に見える形にしたのが、終幕前に舞台の背景をとりはらい、芝居の世界をテントの外へ一気にひろげる演出だったとも言える。こんな方式を思いついただけでも唐十郎はすごい。芝居の超現実が町と社会の現実につながる。

その点で忘れがたいのは六九年の一月三日、新宿西口公園の空き地で一回かぎり上演された『腰巻お仙振袖火事の巻』だった。この事件については何度か詳しく語ったことがあるのでくりかえさないが、都市公園法違反とやらで機動隊が紅テントを包囲し、外から観客たちを蹴ったり、拡声器で退去を命じたりする間にも演じつづけられて、最後に舞台奥が大きく開かれた瞬間、そこに本物の機動隊が立ちならんでいた。そのあと唐十郎と李礼仙が舞台衣裳のまま逮捕され、振袖と帯と裾をなびかせて護送車に連れ去られるまでの光景も、芝居の延長として目に焼きついた。芝居と現実が連続しうること、現実と超現実が地つづきであることの実例のひとつとして、私はこの夜の出来事をくっきり記憶にとどめている。

そんな新宿西口公園事件に二週間ほどおくれて起ったのが、東大安田講堂事件だったこともつけ加えよう。ひとつの流れがとだえた。状況劇場は新宿花園神社からいったん追われたが、紅テントを国内各地へと運び、いよいよ旅芝居の本性をあらわにした。

六〇年代末という過渡期の濃密な空気を、唐十郎は意識しないでも深く呼吸していて、集音装置を通じて言葉と身体に行きわたらせた。それは紅テントの舞台の上ばかりでなく、前後の時間と周囲の空間までも芝居に連続させた。そんなことができたのは彼だけである。

★

一九七〇年代は唐十郎にとって旅の時期だったかもしれない。「日本列島南下運動」に始まって、韓国では『二都物語』、バングラデシュでは『ベンガルの虎　白骨街道魔伝』、シリアやレバノンのパレスティナ人キャンプでは『唐版・風の又三郎』。これらの名作を私は東京公演で見たが、濃厚で奔放で甘美なロマンティスムの印象が残っている。

七四年春に上野不忍池畔で上演された『唐版・風の又三郎』も頂点のひとつだろう。舞台を池の水面につなげる展開はスペクタクルを伴った。役者がつぎつぎと池にとびこむ。最後に紅テントが開かれると、李礼仙と根津甚八の二人はクレーンで池の上空へ去る。唐十郎につきまとい寄りそう物質として、「水」というものを強く意識させたのもこの作品である。

水は地球上に遍在し、連続し、流動し、浸透する。不忍池の水はそのまま時空をこえて過去の満州や朝鮮や台湾にも、現在のベンガルや中東にも連続する。他方、すべての生物の故郷は水であり、人間の身体も大半が水でできている。『ジョン・シルバー』以来の彼岸への海の旅という主題に加えて、半身が水に浸されている女性というモティーフも浮上してきた。アンドレ・ブルトンの『ナジャ』につらなる七一年の『吸血姫』や七七年の『蛇姫様　我が心の奈蛇《ナジャ》』など、女性を中心に据えた一連の作品がそれである。

七〇年代に私が唐十郎とよく会って言葉をかわすようになったのは、ほかならぬ『ナジャ』を介してだった。彼はこの本のなかで自分自身と出会い、奈蛇という他者を見いだしていたのだろう。「私は誰か？」を問うて自己を追いつづける唐の戯曲に特有の登場人物については、同書の末尾近くに引かれる「ドゥルイ氏」の逸話を挙げながら他の機会に詳述したので、ここでは触れない。唐十郎の女性像の原型がナジャに通じていたことも、指摘するだけにとどめておく。

七〇年の大阪万博以来、万物の商品化が進んでいた時期でもあり、以前には掛けがえのないものでありえた演劇体験も消費の対象になりかけていたが、紅テントという拠点を離れない唐十郎は持ちこたえた。それでも八〇年代のバブル期にさしかかり、流行語やＴＶネタを出すと判で押したような笑い声で応える観客が増えてきたころ、私は紅テントから遠ざかった。八八年に「劇団唐組」へ移行したときのこともあまりよくは知らない。

私自身が海外の旅をくりかえしていたせいもあるが、それから二十年近く唐十郎の芝居を見なかったことは、いまふりかえると悔やまれる。だが二〇〇〇年をすぎて、唐組の若い成員からくりかえし要望があり、久方ぶりに腰をあげて紅テントを訪れたときには驚いた。八〇年代のはじめまで見つづけた状況劇場のとはかなり違う、新しい傾向の芝居のありかたに魅かれたからである。

★

私はかつて一九六〇年代から二十年ほど状況劇場の芝居を見つづけたあと、一九八〇年代から二十年ほどの空白を置いて、ふたたび二〇〇〇年代から二十年ほど、そしていまも、唐組の芝居を見つづけているということだ。唐組は状況劇場の延長のようでもあり、違う劇団のようでもある。同じ紅テントを動く拠点としている上に、旧作の再演が多く、唐十郎が倒れてからは再演だけになっているのだから、延長に見えるのは当然だ。それではどこが違っているのだろうか。

まず役者が違う。六〇年代の状況劇場は麿赤兒や大久保鷹や四谷シモン、李礼仙や唐十郎自身をはじめ、身体も所作も台詞まわしも普通ではなく、ときには怪物めいて見えもする個性の集まりだったし、七〇年代には根津甚八や小林薫のような二枚目風の人気役者も、十貫寺梅軒のような怪優も出た。しかも彼らのほとんどは特異な芸名で通していた。

ところが最近の唐組は本名のままの役者ばかりだし、個性のとくに際立っている役者は少ない。久保井研や稲荷卓央は独特の風姿と声音と所作をそなえているにしても、怪物めいて見えることはない。むしろ女性を代表する藤井由紀のほうが不可欠の立役者に感じられるし、以前には対照的な強い個性をもつ赤松由美もいた。いまでは大鶴美仁音も台頭しつつある。

時代が変って個性の薄い社会になったといえばそれまでだが、唐十郎の新作を見るとじつはそういう傾向をとらえた上で、むしろ活かしていることが判る。ひとつには部分的に集団劇のような様相を呈しはじめたこと、ひとつには女性たちの存在が際立ってきたこと、などである。

さらに小道具になるオブジェへの執着が増してきたことは大きい。もう役に立たない廃品のような、壊れた器具や装身具のような、ひからびた骨片や人体の一部のような、有用性も生産性も失われた見すぼらしいオブジェを、登場人物はなぜかしきりに追い求め、めぐりあえれば愛おしく抱き、宝物や護符のように守り、それでも奪われたり捨てられたりする。ものいわぬオブジェのほうが主役に見えることさえある。

最後にもうひとつ、現在の苛酷な格差社会の下層にいっそう鋭く目を向け、そこで踠《もが》きつづける多様な人間像をとらえていることだ。たとえば二〇〇八年春の『夕坂童子』では、舞台の右から左へと斜めに上昇する「坂」が設置され、その下で集団劇がくりひろげられる。人々は憧憬も反感も誘うらしい坂の上へは登らず、あるいは登れず、坂の下で右往左往するばかりだ。

人間たち自身が捨てられた廃品のように、有用性も生産性もない、役立たずのオブジェにされている。オブジェたちの叛乱の可能性はあっても見えにくい。そうした現代社会そのものの縮約が「坂」である。唐十郎の集音装置は坂の下の民衆の声をとりこんで響かせはじめていた。

二〇〇〇年以後の唐組の公演には、六〇年代のような過激に走る個性もアナーキーも少なく、七〇年代のような浪曼に傾く情念もスペクタクルも少ない。終幕に舞台の背景がとりはらわれても、そこに開かれる光景は多少とも控えめで、闇につつまれた花園神社の境内を、これからどこへ行くというのか、ひとり歩み去ってゆく少女のうしろ姿だったりする。

時代の変遷につれて芝居に変化が起ることについて、唐十郎にはおそらく自覚も自負もあった。古くからの観客が昔の状況劇場の芝居を懐かしんだりすることを、彼はあまり好まなかった。二十年近く前、終演後の紅テントの夜宴の際に、スピーチを求められた私が思わず六〇年代を回顧して、はじめに引用したジョン・シルバーの歌をひとふし唄ったところ、あとで酔いのまわった唐十郎は帰りしなの私に突進してきて、ものをいわぬまま私の胴に絡みついた。取っ組みあいの構えだったが劇団員が止めた。以前によくあった親愛の情の表現だったような気もするが、もしかすると私がその日の新作の感想から遡って、昔の状況劇場を懐かしんだことに腹を立てたのかもしれない。

★

あれから何年かして、『夕坂童子』のあとの冬だったと思うが、めずらしくパリで彼と会ったことがある。たしかストラスブールでの講演を終えてから、樋口良澄とともに立ち寄ったとのことで、マレ地区のはずれのカフェで待ちあわせ、それからセーヌをこえてサン・ミシェルのカフェに入り、しばらく話をした。そのあいだ唐十郎は意外に真面目なふうで、なにやら礼儀正しくさえ見えた。昔から関心のあったはずのパリの町と向きあって、すこし緊張したのか、疲れていたのかもしれない。

サン・ルイ島からシテ島へ渡る橋の上で、並んでセーヌの水面を見おろしたとき、むかしナジャもよくこのあたりで水面を眺めていたのだろうと私がいうと、彼は「奈蛇ですからねえ」と応えてにっこりした。橋のたもとで見すぼらしい老人の奏でているアコーディオンの音色がこころよかった。

街灯のあかりを受けて笑う彼の目を憶えている。陽気なときでも真面目なときでも、すごんだり絡みついてきたりするときでも、その目はいつもとろんとしていて、童子のように澄んでいた。

唐十郎はもういない。

二〇二四年九月七日

（仏文学者・評論家）

＊唐十郎へ

悪魔少年

麿 赤兒
Maro Akaji

一九六二年、新宿の喫茶店「風月堂」での唐との出会いは私にとって、運命的な出来事であった。それから八年ほど血気盛んに、演劇の革命を目指し行動を共にした。唐の訃報を聞き、怒濤のようにその時代が私の脳裏に甦る。

唐と離れた私は、言葉の無い身体表現の可能性を求めて試行錯誤の日々であったが、唐と「状況劇場」の動きは見聞きしていた。唐の創作能力や演劇運動は衰えを知らず、次々と新作を発表し、その公演地は戒厳令下のソウルであったり、インドからの独立を勝ち取った矢先のバングラデシュ、はたまた紛争くすぶり続くパレスチナ難民キャンプと、危うげな地ばかりだ。当時、他の名のあるアングラ系の劇団が欧米の演劇フェスティバルに参加し、いわば安全地帯でそれなりの評価を得ているという時代の中で、唐の行動は真反対のゲリラ的な公演の態だ。勿論それなりの準備や根回しは行われているが、唐や劇団員が置かれた状態はちょっとした成り行きで拘束されたり、極端に言えば銃撃されることもあり得る地帯であった。実際その様な危機一発の瞬間もあったと聞く。唐にとってそのように政治的、地勢的、歴史的亀裂の中、その臨界に身を置く事でより如実に、彼の想念する「演劇」がリアルと虚構がない混ぜになり浮かび上がるのだ。しかし、私はその事態を見聞きしては、いつか拘束されるのでは、射殺されたりはしないか、またもしそのようになったとしても、彼は彼自身の「劇」を完遂したことになるのか、イヤイヤ唐はそう簡単にくたばる男じゃない、などと思い巡らしていた。と、唐は悠然と凱旋し、日本各地での公演を平然とこなしている。それでこそ「唐十郎」なのだ、金太郎だ！　と密かに快哉叫びながらも同時に私の脳裏には、ちょっとした悪戯をしただけだよそれがどうした、と悪びれることもなく、キラリと目を輝かせ薄い笑いの悪魔少年の顔が浮かぶ。それは唐と行動を共にした頃、節目節目に垣間見た顔だ。

　唐と状況劇場は一九六〇年代初頭から、通り一遍の劇場での公演を良しとせず、路頭でのハプニング、野外での公演等様々な演劇的試行を経て、遂に唐が思い至ったのが遊行の民、河原乞食と標榜してのテントでの公演だ。一九六七年八月、新宿花園神社境内に初めて真紅のテントが立ち上がった。演目は「腰巻きお仙　義理人情いろはにほへと篇」。私の役はドクター袋小路あるいは犬殺し、憑かれたように演じている間中背中に強烈な電流が流れ続けていた。他の演者もそうに違いない！　そして観客にも電流が激しく伝わりその両者の電流がスパークし、巨大な花火になり尋常ではない興奮がテント全体に充満したのだ。唐はといえばあの悪魔少年の態なのだ。それは私が目撃した最初の悪魔少年だ。いや初めての出会いでもそうだったか……終演後、これで演劇界にも電流が走り「劇」とは何かをもう一度考え直すターニングポイントとなるだろう。俺たち状況劇場は数多在る劇団に数歩先んじたと実感したものだ。おそらく唐もテントの発案者だが想定以上の電撃効果を感じたに違いない。先ず唐が織りなす言葉が奇想天外、縦横無尽だ。その言葉が役者達から発せられる。そして必ずしも理に合わぬ矛盾する言葉の鱗が次々とほとばしり飛び散り、得体の知れない空間に貼り付き、その空間がいつのまにか龍の姿に変容し、時空をうねりのたうち飛翔するごとくになる。観客もその背に乗って何処へとも解らない甘美な時空を旅するのだ。起因するのはテントの形の妙だ。天井が内部に緩やかな曲線をもたらし、唐が言う子宮内状態なのだ。観客は産まれ出る前の不安と恍惚を味わうという趣向だ。そしてテントの皮膜一枚がいかにも儚げに現実と虚構を隔てており、ぱらりと皮膜が剝がれ一瞬にして虚実が逆転し溶解し異界へワープのイリュージョン現象を醸し出す。そのようにして最初のテント公演から得た体験の実感は新しい発見を見いだし、彼の生涯の方法として醸成されていった。「演劇」の本質を果敢に求め、繊細にして大胆に「戯れに」と嘯きながら奇跡的に多くの修羅場を潜り抜けた。正に命を賭して時代を輝かせ、自身も輝いていた。

そのさなか二〇一二年の三月頃、嵐山光三郎氏から電話があり、「唐組」の金沢公演をプロデュースするのだが、氏は条件のひとつとしてマコを出演させたいと唐に申し出たところ、唐は快く引き受けてくれ、なおかつマロのために新しい戯曲を書くと言っている。故にマロは否応無く出演しなければならぬと嵐山氏は言うのだ。私にすれば大いに光栄だが、唐の放つ言葉を短期間で消化し切れるかの不安を押さえ込んで腹を決めて待っていた。数日後嵐山氏から電話、唐は書くのが異常に速い、もう戯曲が出来たのかと思いつつ電話に出ると、なんと、唐が倒れた、今入院している、どうやら頭を強打したらしい、俺は今から病院に行く、マロは？　と嵐山氏、もちろん俺も行く！　と二人で駆けつけた。その道すがら、少し詳しく話を聞いた。頭の打ち所が悪く、言語中枢にかなりのダメージを受けている、その面では楽観はできない、命に別状はないようだが……私は狼狽した。命は大丈夫でも唐の言葉は死んじゃうの?!　しかしリハビリで再生、復活出来るだろ？　と嵐山氏に言う、そうだな、と彼も希望を込める。病院に着き廊下を歩いた記憶はあるが、私は唐と会ったのかそれとも面会謝絶で引き上げたのか、そこが朧だ。会っていれば忘れるわけがない。私も虚だった。それから唐の言語活動は遂に復活しなかった。そしてそのまま永い眠りに入ってしまった。唐は二度死んだのだ。

唐の言語の死以来数回、唐組の芝居を観た。役者達は生き生きと唐言語を放ち躍動している。七十年もの間、時代の趨勢に関わり無く唐世界は厳然と輝いている。

時々唐が隣で観ていることがあった。観ながら涙を流している。一体、いかに脳の回路が作用してこうなるのか？　教えてくれ！　悪魔少年よ！　抱擁、ありがとう！

（大駱駝艦主宰・舞踏家・俳優）

*対話

皮膜、smell、アリの眼と鳥の眼

蜷川幸雄 Ninagawa Yukio × 唐十郎 Kara Juro

死んだはずの母が茶を出した

蜷川　唐さんの文字を見た時、僕は震えがきたの。初めて書いてもらった『盲導犬』の原稿を新宿の喫茶店、確か「らんぶる」で受け取って、紀伊國屋書店でコピーしようとした。ところがコピー機が二台立て続けに壊れたんだ。書くというより、刻んでいるというか、魔性の文字だと思った。僕らとまったく違う「命」をもらった気分になりましたね。

唐　線もない大学ノートのページを見てると、こっちも怖くなるんですよ。何から刻んでいったらいいのか。

蜷川　やっぱり刻むっていう感じですか。

唐　ええ。何が窓口なのか。最初のひとつの文字から決まっちゃいますからね。それであえて400字詰め原稿用紙じゃなくて、真っ白いのに書いてるんです。

蜷川　文字が横にずっと、アリンコの行列のように並んでる。今日はお願いして生原稿を見せていただいて、それを写真に撮って、観に来たお客さんにこういう文字が唐さんのものだとわかるといいなと思って。これを見ると、みだりに台詞の語尾を変えたり、切り刻んだりできなくなるでしょ。でも唐さん、ほとんど原稿に直しがないですよね。あれは息を詰めて台詞を言いながら書いてるのか。どういう具合なんですか。

唐　直しがあるとね、劇団員に見せたときに、「あ、ここでためらってるな」ってバレちゃうんだよね。昔でいうガリ版で台本に印刷するから、よくわかっちゃう。

蜷川　状況劇場の『二都物語』に衝撃を受けて、（演劇評論家の）扇田昭彦さんに連れて行ってもらった楽屋で「戯曲を書いてもらえますか」とお願いしたら、唐さん、『旗本退屈男』みたいなのがいいな」って言ったんですよ。全然覚えてないでしょ？

唐　ええ（笑）。

蜷川　僕は何がなんだかわからなくて、もう何でもいいからお願いします、って（笑）。ある日「出来たよ」と電話がかかってきた。それが『盲導犬』だった。

唐　蜷川くんの顔を思い浮かべて、やっぱり都市の路上から始まったらいいかなぁって思ってね。蜷川くんもそういうのが好きだろうと思ったし。路上に一人の青年が立っていて、何かを呼んでいる。ファキィルという犬を待ってるんだよね。『ゴドーを待ちながら』の別バージョンですね。

蜷川　ああ、「待つ」だ。それでちゃんと犬を出さなきゃ、と。当時はまだ盲導犬は有名じゃなかったんですよ。吉祥寺、関町の盲導犬学校で俳優たちも訓練をして、シェパードを五頭借りて。犬が一番高くつきました。役者はギャラなんてないから。

唐　稽古ではブリキの犬を使ってましたね。

蜷川　そうそう。ガラガラ引きずってね。でも大変でしたよ、ト書きを全部やるのは。シェパードが客席を走ると、ケモノの匂いがプーンとする。そんな経験滅多にないよ。

唐　犬の毛を燃やすところもあったっけ。

蜷川　あった、あった！

唐　空中に浮かんでる犬の毛を、ライターで燃やす。

蜷川　コインロッカーの扉が開いて犬の毛が一斉に吹きだして、燃えるっていうんだから！　どうやってそんな発想になるのか。

唐　部屋の隅っこをよく見るクセがあるんだよね。何か小さなものが転がってる。きれいなものならビー玉、汚いものなら昨日切った爪とかね。聖なるものとグロテスクなもの、まったく正反対なものを見比べたりするんですよね。

蜷川　「蜷川くん、こういうのどうかな。交差点で男と女がすれ違う。フッと女が櫛を取り出すと、櫛が半欠けなの。男も懐から櫛を出すと、半欠けの櫛を持っている。櫛と櫛が出会うんだよ」なんて話してくれる。お互いに櫛を見て振り返る場面が、パッとビジュアルで浮かぶでしょ。半分の櫛なんて、よく思いつくよね。

唐　僕はね、べっ甲の櫛が好きだったの。おばあちゃんっ子だったからね。「これ、亀の甲羅でできてんだよ。いいものなんだよ」って見せびらかすの。

蜷川　唐さんの家に行くとさ、お母さんがお茶を出してくれる。ところが唐さんのエッセイには、「僕の母は縁側で狂死した」なんて書いてあるわけ。「僕の母です」って紹介されて、「あれ？　狂死したんじゃないんだ」って。日常の虚実がわからなくなる。俺、ウブだから翻弄されるんだ（笑）。縁側で狂死したなんて、よく言うよね。

唐　母親という大切な人にそういうことをするというのは、好きなだけにね。ちょっと別な顔にしたいというか。縁側で一人、ずーっと座ってる女って、こわいもんね。

蜷川　うーん（笑）。唐さんの戯曲ってたまにね、はじめは「ホテルのロビー」ってト書きにあるのに、何行か先でホテルのロビーじゃなくなったりするんだ。

唐　途中でわざと脱線したくなっちゃう。後で直せばいいのに、そのまま（笑）。

蜷川　でも何の作品だったか、稽古の時に「俺の戯曲は全部サブテキストが出せる」って言って、スタニスラフスキー・システムの教科書のように、台詞一行一行すべてについて、どういう意味や行動があるのかを出したことがあるよ。僕も仰天したんだけど、衝動的に書いてるように見せながら、確固たる裏付けがあるんだよね。あれはびっくりした。

唐　大学時代は、几帳面な勉強させられましたね。

蜷川　僕らはヨーロッパ演劇の理念をきっちり勉強させられたんだよね。で、演出ということでいうと、基本的に僕の場合は第二芸術だから、自分で切ったり貼ったり、付け足したりするわけではないでしょ。すぐれた言葉と戯曲の構造がない限り、演出できないわけです。作家のように、産みの苦しみは比較的ないですよ。作家にもらった世界にどうやって近づけるか、そこに自分の思いをどうやって塗り込めるか。それはものすごく大きな喜びではあるけど、大変ですね。どうやってト書きの一行を成立させるのか、とかね。

唐　戯曲の場合は何が楽しくて書くかというと、二人の男が、あるいは一人の男と一人の女でもいいけど、お互いの正体がわかるかわからないかという皮膜を見つめ合う。これをまず書くのが作家の一次体験ですね。それを演じる役者が二次体験、つまり追体験。それを演出するのが追追体験。それをまた観客が観るのが追追追体験（笑）。

蜷川　俺はね、アリの眼と鳥の眼を自在に行ったり来たりしたいわけです。のめり込み過ぎると全体が見えなくなるし、全体が見えると、客観的につまらない芝居になる。この行ったり来たりが問題でね。

唐　そうはおっしゃいますけどね、蜷川くんの演出、僕にはできないと思います。何が違うかというと、ため息まで聞こえてくるのね。舞台の上の役者の。あれはテントではできないですよ。ぶらん、とした間合いとか、どう言っていいかわからないボンヤリした空気とか。

蜷川　それはね、唐さんは覚えてないだろうけど、僕が稽古してる時、唐さんが見ていて「僕が大勢出るシーンをやると、端っこでそっぽ向いて関係ないことしてるヤツがいるんだよね」ってポロッと言ったんだよ。俺はだいたいテーマに向かって集中してくる大群衆を出す。だけど唐さんのは、関係ない顔して何かやってるのがいる。のちに、「あ、人生はそうだよな、ひとつのところに収束しないよな」と気づいて、僕も気をつけて使うようになったんだよね。

唐　昨日、井の頭公園での芝居（唐組公演『西陽荘』）が終わったんですよ。日曜だから、外のノイズがすごいのね。赤ちゃんは泣くわ、犬は鳴くわ、暴走族みたいなバイクの爆音が聞こえるわでね。芝居しながら、ものすごい音に囲まれてるんです。テントの外のノイズと、内なるものと、皮膜一枚で同居してる。内と外で勝負し合ってるんですね。外が勝つか、こっちが勝つか。

蜷川　僕は一貫してテントでやり続けてる唐さんに対しては畏敬の念しかないんですよ。だって、状況劇場、あるいは唐組出身の俳優と仕事をすると、「強度」が全然違うんだ。この前、明治大学で公開対談をした時に、学生に向かって唐さんが「肉体訓練はテントを建てることだ」と言ったでしょ。あれこそ名言で、本当に雨土や泥んこの中でテントを建てるんだから。なまじの体操や肉体訓練なんかじゃ太刀打ちできないですよ。生活と結び付いた肉体ができていくわけで、ニュートラルな肉体になんかなりっこない。それは演出家にとっては最高の贈り物なんです。そういう俳優の数が少なくなりましたね。

才能を看破した寺山修司

蜷川　僕らは若い頃、どうやったら世間の話題になるか、新聞の社会面に載るかって思ってたけど、唐さんや寺山修司さんは、よく新聞記事になってましたよね。

唐　僕も銀座の噴水に飛び込んだりしてね。演劇じゃなくて、人騒がせ（笑）。寺山さんは兄貴でしたね。僕が二四歳で初めて書いた戯曲、『24時53分「塔の下」行きは竹早町の駄菓子屋の前で待っている』を寺山さんに送ったけれど、何の返事もない。それで電話したら、「あ、ベケットとイヨネスコと浅草ものをグチャグチャにして割ったようなものだね。いいよ」って。

蜷川　うまいこと言うよね。

唐　「それ書いてください」って言ったら、チラシに書いてくれたんです。それが六四年。寺山さんは芝居を幾何学的に作りますからね。僕の場合はｓｍｅｌｌ、匂いからなんですね。その寺山さんから「浅草もの」と言われて、「当たった」って思いましたね。嬉しかった。寺山さんは書く時もそうじゃないですか。ピースとピースの組み合わせで、立体感がある。

蜷川　言葉の粘着度が全然違いますね。寺山さんはコラージュみたいに引用が多いから、唐さんのオリジナルの言葉とは違う。

唐　寺山修司兄貴のふざけ方は、やっぱり幾何学的で上品だったね。ウチの芝居を金王神社でやった時に、寺山さんの劇団の幹部が、お祝いの花を持ってきたんだよ。それが黒い葬式の花輪なんだよ。ガマンしてたけど、やっぱりこれは嫌がらせだなと思って、一週間後に僕がちょっと押しかけて行ったんです。そしたら寺山さんが「唐、オマエだって昔、ウチの劇団旗揚げのはなむけに、雨でグチャグチャになったパチンコ屋の花輪持ってきたじゃないか」って。ホントにそうなんだよね。もう汚いったらないの。

蜷川　ハハハハ！

唐　黒い花輪対パチンコ屋の花輪（笑）。でも寺山さんのほうが洗練されてますよ。どっちの劇団員が手を出したのかわかんないけど、結局、乱闘になっちゃって。寺山氏が「唐、止めろ、止めろ」って言ったけど、止まらなかったね（笑）。そしたらパトカーが来て、両方警察に捕まっちゃった。

蜷川　留置場では寺山さんと同じ部屋に入ったんですか。

唐　いや、真向かい。

蜷川　それはお互いが見えるわけ？

唐　見える。鉄格子だから。やっぱり恩人だから、目が合った瞬間、土下座して謝った。そしたら寺山さん、あぐらかいて「いいよ、いいよ」って。

蜷川　映画みたいだよね。でも、お互いに認め合ってる部分は当然あるんだよね。当時、アングラ御三家といったら、状況劇場、天井桟敷、黒テントでしょ。僕らは演劇史上に残らない劇団だから、傍流でしたね。ちょっと離れた場所にいた感じです。

唐　でも蜷川さんのところも、大事に、いたわって作り上げた役者がいましたよね。石橋蓮司とかね。

蜷川　蟹江とかね。

唐　蟹江敬三！　好きだったな。『盲導犬』は石橋蓮司に当て書きしたもんね。好きな役者に当て書きするのが僕の頼りですね。一人でもそれができると、あとの集団はそこについてくる。そういう意味では、役者が好きですね。

蜷川　覚えてる？　『唐版　滝の白糸』の時にジュリー（沢田研二）を口説いて、マネージャーを二人で半分脅して（笑）出てもらったでしょ。その時に「銀メガネの男」というのが必要で、最終的には伊藤雄之助さんになったんだけど、二人で滝沢修さんに頼もうって言って、電話して断られたんだよ。恐れを知らないというか、はじめから夢の歩幅が大きかった。

唐　滝沢修は映画でも凄かったですよね。敵わないって思ったもん。

蜷川　あの時は大映の撮影所を使ってね。アートシアター新宿文化の葛井欣士郎さんがちょうど会社をやめてプロデューサーとしての会を作って、会社の退職金をつぎ込んだんだ。で、忘れもしない、芝居に出てくる水芸の途中で電飾のバックが欲しくて、当時十万円の電飾を作ってもらったの。ところがどうもよくないから「やめよう」って言ったら、「退職金をムダにして！」ってものすごく怒られたね。結局使わなかったけど（笑）。鮮明に記憶に残ってる。

男娼と紙芝居屋が消えた

唐　今度久々に『下谷万年町物語』をやりますけど、上演してからずいぶん経ちますよね。

蜷川　初演が八一年だから、約三十年ぶり。下谷万年町は唐さんが育った街で。

唐　作品の原点は昭和二三年ですね。その頃から今までに何があったのか考えてみたんですよ。今の文化文明は、あの頃あったものを全部排除してきた。その間は「無」、ただの空白なんですね。無駄なものが何だったかと考えると、紙芝居とか、オカマ屋さん、つまり男の娼婦です。白粉を塗って、夕方出かけていく。あの白い顔は何なのか、池に自分の白い顔を映したらどう見えるのか、なんて考えるわけです。そこで百人のオカマと、キティ瓢田という女が交差する。グロテスクなものとリリカルなものが、浅草の瓢箪池の前で交差するんですよ。

蜷川　池の水が濁っていて、叙情的な美しい台詞と、グロテスクな男娼の一団がいれば、もうほとんどシュルレアリスムの芝居を観てるようなもんだよね。

唐　万年町の八軒長屋の二階にオカマが住んでたんですよ。夕方になって上野山に商売に行き、客を連れて帰ってきて朝まで大ゲンカ。男だってバレたりして。昔は電球が暗いからわかんなかったんですよね。あと、注射針でヒロポン打って。あの注射針はこわい。日常の苦痛を忘れたいから打つんだろうね。それから紙芝居屋さんが午後三時にやってきて、学校帰りの子供たちが群がってね。五円や十円のソースせんべいを買わないと紙芝居見せないの。タダ見する子がいると「オマエーっ！」って怒るんだ。大人げなかったよね（笑）。

蜷川　僕が育った川口は鋳物工場の街で、オカマ屋さんはいないけど、紙芝居は来てたし、貧しい人たちもいっぱい暮らしてた。ノイズとかゴミとか埃とかで充満した生活を送ってきてるから、ちょっと懐かしいところもありますね。

唐　ハエがぶんぶん飛んでたりね。

蜷川　ただ、今、それを上演しようとすると、そういう空気を吸った俳優の数が少なくなってる。どうしても若い人と仕事すると、ツルンとしてるでしょ。デコボコの肌とノイズを身体に宿らせて、なおかつ叙情まで到達できる俳優が少ない。これが大変ですね。

唐　もともと漂ってる人もいますけどね。

蜷川　近年の唐組の俳優たちって、やはり昔と変質してますか。

唐　僕が書くキャラクターというのは、母を求める青年であったり、姉さんを探していたり、誰かが何かを求めているんですね。そういうのが必ず出てくる。誤解して「この人に違いない」と思い込んでしまうんです。役者には力任せにやらないで、弱音《じゃくおん》でやれ、って言ってます。今、北海道網走出身のなかなかいい青年がいるから、彼には当て書きしてますね。

蜷川　やっぱり唐さんは、いい俳優をたくさん生み出しているからね。どれだけ唐さんの下で育てられたか。俳優を育てない作家や演出家もいるから。言ってみれば寺山さんは俳優を生み出さないでしょ。俳優も、ひとつのモノとして扱われる。

唐　寺山さんは自分で作るんじゃなくて、外で出来上がった人を持ってきて、構造の中にポンと立てるのが好きでね。モデルでも、歌手でも、気になる人を連れてきて並べていた。僕は気になる役者と普段一緒に飲んだりして、どういう感性を持ってるのか、嗅ぎ分けたりしますね。飲みに行く時間が長過ぎるけど（笑）。

蜷川　僕は体質的に酒が飲めないこともあるけど、俳優とは距離を置いて付き合いますね。それは昔から。一番いい時間と一番いい状態で稽古場に来い、って感じかな。

唐　でも蜷川くんは作戦と段取りをキチッと持ってるからね。『盲導犬』だって、ブリキの犬で稽古して、本番近くなったら本当にシェパード借りてくるでしょ。段取りはきちんとあるから、役者は信頼してついてくるんですよ。それはよく知ってますよ。

蜷川　今度の『下谷〜』では唐さんにも七回だけ俳優で出てもらうけど、稽古場にはしばらく来ないでください。作者がいるとやりにくいから（笑）。

唐　でも、「間合いが違う」とか言われちゃうでしょ。「、」「。」がわかってない！　とか。

蜷川　言わないよ（笑）。終わりのほうで来てくれればいいから。でもさ、最初の本読みはやってくれる？

唐　うん、それはその心づもりだからね。

蜷川　もう絶対にやってもらえると。俳優はみんな待ち望んでるみたいだよ。チケットは即日完売だってね。

唐　えぇーっ、そうですかぁ……。

（シアターコクーン公演『あゝ、荒野』パンフレット
二〇一一年十月　東急文化村発行　取材・文　市川安紀
発表時、連載のタイトル「合縁奇縁」だったが、改題した。
扉に、蜷川幸雄氏の言葉「唐さんには、ぼくの分岐点でとても大きな影響を受けた。櫻社で『盲導犬』を書いてもらったこともそうだし、演劇の世界で孤立していた時に、『唐版　滝の白糸』を演出しないか、と誘われたこともそうだった。唐さんからぼくはどれだけ影響を受けたかわからない。ぼくらが対談をするのは、実ははじめてである。それは、とても楽しかった」が記されている。）

（蜷川幸雄・演出家）

*インタビュー

〈唐十郎〉という事件の現場

Kubori Ken　久保井研

初日前日の逝去

――話しにくいと思いますが、まず唐さんが亡くなった時の状況からお伺いします。

久保井　その日は春公演『泥人魚』仕込みの最終日でした（花園神社）。開演時の明るさや屋台崩しの明かりをチェックして自宅に戻りました。九時頃、藤井由紀から「唐さんが亡くなりました」という電話が入って、ついに来てしまったか、と思った。その翌日は東京初日で、唐さんは見に来てくれると思っていたから、電話の後、「見せられなくなったんだ」とまず考えてしまいました。

　その後また電話が来て、唐さんに会えると聞き、中野の病院に駆けつけました。

　唐さんのいらっしゃる部屋に案内され、手を握って「唐さん！」と呼びかけた。

　亡くなってまだ一時間もたっていないくらいでしょうか。唐さんの姿は変わってないのに反応はなく、「ああ、起きてこないんだ」と思ってしまった。

　葬儀社の人が来て唐さんとお別れすると、病院を出て、コンビニの前で藤井と稲荷卓央の三人でまずこれから連絡などをどうするか、話し合った。次の日が初日ですから。

――大変でしたね。亡くなって、翌日の初日はどんな気持ちで迎えたんでしょうか。

久保井　極力唐さんが亡くなったことを考えないよう

にしてました。とにかく初日をやり通さないといけない。唐さんへの思いを込めて、ということは置いて、とにかく今まで通りにやりきる。幕が開いたら最後まで一気にやろうと思ってました。舞台にいる時は物語の中に入っているから、唐さんのことは考えられませんでしたし。

――終演後、唐さんの歌う「さすらいの唄」を流しました。テントの暗闇に響く歌声が印象的だったんですが、初日に、劇団の追悼メッセージとして歌を流すことをどのように発案したんでしょうか。

久保井　連絡をもらって病院に駆けつけた際、奥様の美和子さんに「追悼として『さすらいの唄』を流して」と言われました。私は追悼という言葉が自分の中に入って来ず、ただ「分かりました」と答えました。でも、テントに唐さんが絶対に見に来ているはずだ、と思ってました。そしてお客さんは、それぞれの思いを持って来てくださってるでしょうから、何かを感じてもらうには、唐さんの好きだった歌を流すことは良い案だなと考えたんです。カーテンコールの時に唐さんが亡くなったことを私が話し、歌を聴きながらテントを後にしてもらいたいと思ったんです。

――観客の心に残ったと思います。考えてみれば、二〇一二年に倒れた時も、唐さんの何かの「死」と言えるほど大きな出来事だったはずで、まずそちらが重かったのではないでしょうか。

久保井　あの時も鬼子母神の初日だったんですよ。朝、唐さんが自宅で転倒し、藤井由紀から「唐さんが入院しなければならなくなりました」という連絡が入り、急いで自宅に向かった。そうしたら救急車に乗っていて、唐さんとは話ができた。「頭を切っただけだから、戻るので、公演の準備をして待っててくれ」と言われた。そのつもりでいたところ、一時半頃、病院の先生から「今、とても危険な状態に入っていて、今日の公演は唐さん抜きで考えてください」という話があった。驚いて、それですぐに場面をカットしたり、代わりの者に喋らせたりして本番を乗り切る算段をしたんです。

　終わって美和子さんに電話すると、「出血があり、開頭手術をするかどうかということになっていて、持ちこたえられるかどうか、今晩が山だ」と言われたんです。当然それは翌日から唐さんがいない状態になるわけで、唐さんがいないバージョンでやるしかない。しかし、それは唐さんが戻ってくることが前提だった。

――倒れた当初は回復して戻るとみんな思っていたわけですね。

久保井　ええ、秋の公演は『虹屋敷』を唐さん抜きでなんとかやりましたが、もう一つ、金沢で泉鏡花フェスティバルというのがあって、そこに呼ばれていた。麿赤兒さんが出て、唐さんはそこで新作を書く予定だったんですけど、急遽、唐さんの役を麿さんにやってもらって、近作の『海星』をやった。大駱駝艦からも二人出てもらって、共同で乗り切ったという感じでした。麿さんにはお世話になりました。

唐十郎不在という事態

――そのあと、試行錯誤しながら唐さんのいない唐組として存続していきます。コロナ禍とかいろいろなことがあり、辞めていく劇団員もいて大変だったと思いますが、その中で、基本的には唐さんの演出を踏まえながらも、より戯曲を大事にするあり方が生まれていったと思います。それはどんな過程だったのでしょうか。

久保井　最初は留守番のつもりでやっていました。しかし『虹屋敷』の後も唐さんは病院から戻って来ず、意思の疎通も難しい。翌年の春公演も自分たちだけでやるとしたら、演目を選ばないといけない。そうなるとなぜこれを選んだのか、書いてあることは何かということをはっきりと言葉にする必要がある。しかもそれが今の世相や社会状況とどう関係するのかということも考えなければならない。

それまでは、そうしたことは考えなくても良かったんです。唐さんが書いた戯曲の中で生きていれば良かったんですが、それからは社会や事件、世相をどう見るか、考えるようになった。戯曲から生まれる感情で芝居を作りがちだったが、作者が何を考えながら書いていたかを追うようになった。例えば、唐さんは何かきっかけがあって書き始めたはずで、そのきっかけは

『泥人魚』2023年　撮影・平早勉

何だろう、と。『泥人魚』だったら諫早湾のギロチン堤防とか、唐さんはそれをどのように見たのか。唐さんを追いかけるために、自分は劇作家としての視点を持たなくてはいけない、と思うようになった。

しかし、そんなことをしていても自分たちだけでどう芝居を作るのかということの答えは見えなかった。最初は戯曲の言葉全部に理由や説明をつけていたような気がします。そんなことをいろいろやって二年くらい経った頃、クマさん（篠原勝之）に「お前たちがやりたい芝居にした方がいいんじゃないか」と言われた。「やりたい芝居」とは……。唐さんの劇団で「やりたい芝居」とはどういうものか、考え続け、ひたすら戯曲を読んで読んでいく作業を続けたんです。やはり言葉なんだな、と気がついた。言葉の方向、ベクトル、強さ、そうしたものを稽古しながら探っていった。逆に言葉で説明臭くならないように、どう楔を打っていくかも大事だということもわかった。

試行の過程

――そうして久保井演出のようなものが見えてきたわけですね。演出家として関わらざるを得なくなって、役者・久保井研はどう変わったのでしょうか。

久保井　説明するのは難しいですね。あえて言葉にすると、役者は役者としてその中身がなければならないんだけど、中身を説明するために言葉を使わないようにしようと思った。唐さんの戯曲では言葉は言葉として独立して機能している。メタファーが面白かったり、詩的な表現をしたりしているものを、言葉は言葉として機能させなければならないと思うようになったんです。

感情で芝居を作ると言葉をすっ飛ばしてしまう。言葉と感情を分けて、演じ手が存在できるのか、ということを考えるようになった。言葉と身体を別個に表現できるような方向をめざす。と言っても、演じ手に中身がないとスカスカに見えてしまうわけですが。

――でも唐さんの言葉にはいろいろな意味やメタファーの層があって、それを演じる難しさもあると思いますが。

久保井　確かに唐さんの戯曲は、情念とか仕掛けとか言葉の面白さとかいろんな層が重なっている。その何処かを通過して戯曲の世界にたどり着ければいいわけで、どの層かは観客が自由に選択すればいい。もちろん表層しか感じられない観客もいるだろうし、自分の体験と重ね合わせて見てしまう客もいるでしょう。その層をできるだけ自由に観客が往復できるように芝居を作ることを考えています。

――この辺が唐戯曲の演技や演出の難しいところですね。

久保井　その時重要なのが言葉と身体を切り離すことで、感情で芝居を作らないで、言葉を言葉として成立させるということです。

――今から思うと唐さんはその辺をどう考えていたのでしょうか。

久保井　唐さんもそこはわきまえていて、さらに、身体と言葉によるリアリズムで成立させようと考えていた部分もあったと思います。ただ、その辺は、唐さんだけは自由なんですよね。舞台で唐十郎になる時もあれば、役の人物になる時もある（笑）。それを自由に動いていた。

——中身は「唐十郎」なんだから、役者としては圧倒的なのは当然で、本人はそれをわかっていて自由に変わっていた。それが私たち観客もわかって、ウケたという感じでしたね。唐組ならではですね。

しかし層といっても、そんな自在さばかりでなく、驚くべき劇構造を持っていたり、意味が連鎖してとんでもないものに変化したりとか、あの一気書きの、細かい字でびっしり書かれた自筆原稿を見ると、よくこんな壮大なことを迷いもしないで書ききれると驚嘆するのですが、唐さん自身の中にはその層は、どのようにあったのでしょう。主要登場人物が集合するのが後半なんていうのはよくあって、戯曲の全体をどこまで見通して書き始めていたのか……。

久保井　普段からずっと考えているんですよね。「聞こえてくる言葉を書き留めているだけだ」という言い方もしてましたし。

——よく「声を追いかけている」、と言ってました。あの自筆原稿の一気書きを見ればその通りだと思うんだけど、でも前半の会話が後半の布石になっていたり、単線的では決してない。

久保井　登場人物がどういうことを言ったかを覚えていて、こういう局面になったらこういうことを言うはずだ、ということが頭にあるんですよ。

——渦巻くようにして湧いてくるものを追いかけて書いていく。稀有な作家ですね。ただ、このような表現としての特異なあり方だけでなく、唐戯曲の本質としてあるのは、現実への批判、挑発ですね。

久保井　唐戯曲はお客さんに喜んでもらおうというサービス精神はあるんだけど、同時に「君らそのままでいいのかい」という、問いかけがある。笑って見てるけど君らのことなんだよ、という挑発がある。常に現実との関わりの中で芝居を考えていて、その現実というのは、今の日本人はこんなことじゃダメだろうとよく話していましたが、現実批判なんです。そうした批判精神は特別強い人だった。

時代の中の変化

――ただ、これはあまり言われてこなかったけど、唐組の歴史の中でも現実批判のあり方が変わったところがあるように思います。状況劇場時代、唐さんの現実への違和感の一番強い根は、「戦後」でした。焼け跡の下町を知る唐さんからすれば、この復興した街は嘘だろう、ということになる。別の戦後へのビジョンを戯曲に描き、それは幻の「満州」だったり、アジアからパレスチナまでの「アジア」だったりした。そうした志向を持ちながら、唐組として再出発した時、唐さんは「現在」に切り込んでいこうとした。唐組の初期、八〇年代から九〇年代初めにかけて、唐さんが描いたのはゲームやアニメなど新しいメディアが描く新しい「現実」であり、豊かさの中で右往左往する人間たちでした。

久保井　八〇年代は迷っていたと思います。よく、「今は空疎でしかない」と言っていた。『電子城』などでファミコンを描いたのは、人々の熱狂するものに興味を持ったからじゃないでしょうか。ファミコンはやってみたそうですが、人々の熱狂するものは何か探りたかったんだと思います。ゲームだけじゃなく、バンドとか、アニメとか。もちろんそこには怒りもあった。あとファミコンに関しては、ドラクエの原作者の堀井雄二と対談したのがきっかけかもしれません。彼の早稲田の卒論か何かが唐十郎で、対談した。その時、ファミコンをもらったんです（笑）。

――そうか、対談、思い出した、そう繋がってくるのか。ただ、『電子城』は私が担当して河出から刊行しましたが（『蠱惑への傾斜』）、その時代のものは作品としては難しいものがありますね。唐組の役者も唐さんとは二十歳以上離れていて、宴会で唐さんが不機嫌なのが辛くて、一時期見に行かなくなったこともありました。

その後唐さんは、「現在」から失われていくもの、落ちこぼれていくものに焦点を当てた戯曲を書くようになって、動物園の閉園（『動物園が消える日』一九九三）とか炭鉱（『黒手帳に頰紅を』二〇〇九）とか、諫早もそうですが、その現場に行き、書くというスタイルがだんだん出来上がっていきます。それはいつ頃からだったんでしょうか。

久保井　九〇年代半ば頃かな。『動物園が消える日』では閉園する動物園サニーランドに取材に行ってますし。この頃まではいろいろ探っていた。春に新作というペースが出来てくるのは二〇〇〇年代に入ってから。唐組になって役者の世代が離れたのは唐さんにとっては苦しかったのかもしれない。

——ただ、取材といっても何かの事件や人物を目的を持って調べるというものではないんですよね。唐さんが「小ノート」と呼んでいた取材ノートを『夕坂童子』を刊行する時入れたんですが、それを読むと、入谷の朝顔市の取材だったはずが、無関係な街の風景の観察ばかりになっている（笑）。

久保井　そうなんですよね。取材はきっかけに過ぎなくて、街の口の変なもの、変な人を見つけたいというのがあった。『泥人魚』で諫早に取材に行き、帰ってきて我々に見せたのは、大きなタイラギ貝の貝殻だったし。

現実への問い

——唐さんは書くためにいろいろなことを試みた。取材もその一つだったのかもしれませんね。芥川賞を取った『佐川君からの手紙』だって、シナリオのための取材が膨らんで小説になったという見方もできる。あれには取材と妄想のアクチュアリティがある。ただ、自分の作る虚構世界に対して、現実との関係を本質的なものとして考えていたのは唐さんのあり方です。それが先ほどの層として現れるわけですが。

久保井　大もとにあるのは、「そのままでいいのか」という現実に対する問いかけで、それに対し芝居で答えを出しているようなところがある。「エンタテインメントをやっているつもりはない」と言ってたし、「客を入れようと思ったら芸能人を出せばいいんだよ、そうじゃないからお前たちに書いているんだよ」とよく言ってくれた。古い言葉ですが、「演劇の有効性」

みたいなことを信じているところがあって、だから芝居の中で現実を批判しているようなところがあった。

——このへんも唐さんはしたたかで、やはり層を作る。学生時代、左翼演劇全盛の中で、「社会変革のために演劇は有効か」というような議論を散々聞いて、その欺瞞を痛いほど知ったからじゃないか。例えば東日本大震災の時の「お見舞い公演」の文章なんか見事でした。被災者への演劇の有効性なんて主張ではなく、「お見舞い」はできる、芝居はできる、芝居をやって寄り添うことはできる、というものでしたから。

久保井　「有効性」ということはよく言っていたけれど、唐さんの「有効性」は左翼演劇とは使い方が違う。「有効性」を利用して毒を吐いたりする。あるいは、毒をチャーミングに描いたりする。そうすることで観客は毒に気づく。それが現実批判になっている。要するに観客に胸騒ぎを起こさせ、現実に対する問いを引き起こすわけです。現実批判といっても単純でなく、悪をきわめて魅惑的に描いたりするわけです。

——唐さんの場合、テントでやることそのものが「現実批判」になっているわけで、「現実批判」をどう受け取るかは唐さんの芝居を見ることの本質であり、喜びでもあると思います。

唐組の今後

さて、唐さんが亡くなり、これから唐組はどのように展開していくのでしょうか。

久保井　まず、当たり前だけど、テントでやる、ということです。テントには唐十郎の匂いが染み付いていている。僕らとしてはこれは守りたいですね。唐さん以外の新しいものをやるつもりはないです。「匂い」とは、一言では言えないような、今話してきたような発想とかものの見方、唐さんの描いてきた現実の闇とか、いろいろ染み付いいちゃってるものなんですが。

——観客からすると、役者の立ち姿、照明、見上げる視線、声の響き、ものの手作り感など、みんな「匂い」になっている。

久保井　当たり前のようにやってるけど、芝居に染み付いちゃってるんでしょうね。そして唐さんの戯曲をやり続けるわけですが、作品がいっぱいある、戯曲は一〇〇本以上あるんです。それを取り出して今やることで、見る視点が変わり、新しいものが出てくる。対立が対立を生むような現在ですが、唐さんはそうした時代に通用するものを書いていた。いや、「世の中、案外変わってないんじゃないか、また同じことをやってるよ」と言っていたけど、そうなのかもしれない。確かにテクノロジーの進化など変わっていく部分もありますが、唐さんの言葉にはいろいろな要素があり、そのどれを取り出すかによって変化にも対応できる。それを考えるのは楽しい作業です。

——期待します。最後に、そういう久保井さんにとって、唐十郎の言葉を読むとはどういうことか、お伺いしたいです。

久保井　字面で読まない、ということです。文字通り取らない。疑ってかかる。文字通り取ると何かを逃しそうな気がします。本当にそう思って言ってるの？ということは常に意識している。

——それこそ「層」ですね。

久保井　ええ、唐さんの言葉には可能性の幅がものすごくあるんです。作家の思考、登場人物の思考、関係……、できる限り可能性を探る。そして舞台では、層の広がりとして観客に手渡す。さっき話したように、この幅を以前は説明していた。しかし、いろいろな余白やのりしろがある方が面白くなると思い、説明をやめました。お客さんに想像してもらう方がいい芝居になるんですね。そうやって、観客に胸騒ぎを起こさせたいですね。毒を吐きたい！

——ありがとうございました。

（役者・演出家・劇団唐組座長代行／聞き手・樋口良澄）

＊エッセイ

光のひとり歩き――唐十郎

吉増剛造

Yoshimasu Gozo

静かで、細い……しかし、何処にまで、届くのか……あるいは、下谷万年町へ、になのか、路地へ、になのだろうか、男娼さんの腋毛の下へ、になのか、〝イマニシンジュクハラニナル〟の〝ハラ〟へ、も、なのか、……唐十郎の光は、……〝光線のひとり歩き〟（土方巽、全集Ⅱ五十九頁より）の、か弱さの〝か〟の、……奇蹟であった。

〝路頭を、光が、ひとり歩きをしていた、……〟唐《さん》と土方《さん》との対話から、わたくしのような貧しい、……心の貧しいものでさえも、こうして「卜書《がき》」を、〝盗《ぬす》み繕《づくろ》、ひ……〟をしながら、〝光のひとり歩き、……〟を、僅かに見る、……ことが、できよう、ような、ところにまで、とき（時、……）が、立つこととなった、……のだ。

花園神社、雑司ヶ谷鬼子母神、雨の大阪、石巻の旧北上川、河口＝中洲、……、紅テントの記憶を辿って、るときの〝土間聲《どまごえ》……〟、安保由夫、緑魔子、中嶋夏、……黒崎登美子、……。四谷シモン。〝光のひとり歩き、……〟は、おそらく、きっと、想い出を、記憶を、命を、……おそらくは、きっと、かならずや、これを、あらためる、……（革める、……）。

唐十郎の義眼が、不図、うかぶ、……。〝光のひとり歩き、……〟は、唐十郎の義眼の言ノ葉だった。稀有な、……静かで、細い、……縫い針の〝*Gaze*《ガーゼ》、ガザ〟……おそらく、少しだけ、唐の天才の迷宮の土間《ドマ》に、こうして、不図、わたくしたちは、這入込んだのだ！

〝光のひとり歩き、……〟。

フランツ・カフカは『城』のなかで、こんな〝光〟あるいは〝視線〟について書きつつ、カフカも、また、書きつつ、驚いている、……。

　これは、これで、おそらく、きっと、〝光のひとり歩き〟なのだ。


　彼女の視線は、いつものように冷たく、澄んでいて、すこしも動かなかった。それは自分が観察する対象にまともに向けられず、わずかばかり、ほとんど気づかないほどだが、それでもまぎれもなく対象のそばを素通りしているのだった。見られているほうでは、それにひどくこころを乱された。

（フランツ・カフカ『城』前田敬作氏訳、新潮文庫、二七九頁、傍点引用者）


『佐川君からの手紙』（完全版。二〇〇九年五月、河出書房新社刊、河出文庫）を、このカフカの視線に替えて、……とも、考えていたのだったのだが、もう、いい。〝素通りしている〟この〝そば〟を、この〝そば〟が、……

光がひとり歩きをする場所なのだ。

唐十郎は、稀有の場所の、創造をした。

付記
小文は、前掲「毒性不滅——唐十郎」（「劇団状況劇場」昭和四十七年三月十日）以降、……五十数年のときを劃しての、……さらに、このとし（二〇二四年五月四日）、亡くなられた唐十郎氏を哀傷しての、わずかな、……献盃……の仕様、……これが、唐十郎の光に、少しでも届くのかどうか、だ……。

（2024.9.9.）

（詩人）

＊エッセイ

私の唐十郎体験

渡辺保
Watanabe Tamotsu

高田馬場の駅前のビルの居酒屋。私は突然唐十郎と二人きりになった。それまで何人かと呑んでいたのだが、同席していた人に急用が出来てバタバタといなくなって、気が付いたらば私は唐十郎と二人きりになっていた。素顔の唐十郎は、舞台の印象と違って温厚でやさしく無口な真面目な人だから、話の接ぎ穂がない。私も口下手だし、初対面だから必死で話題を探すのだがすぐに話が途切れる。あんなに困ったことはなかった。もっともそれには前提があって、私には唐十郎という人がよく分からぬままに不用意にここへ来てしまったのだ。

そのしばらく前、私はお茶の水の日仏会館ホールではじめて唐十郎の芝居を見た。『ジョン・シルバー』で堂本正樹の演出だった。

ジョン・シルバーが何者か分からぬうちに床屋のシーンになって、突然舞台の上手から浴衣、兵児帯、下駄ばきに大きな風呂敷包を背負ってリヤカーを引いた唐十郎があらわれて、それまでの芝居の進行とは全く関係のない長ぜりふをベラベラ喋り始める。それはそれまでの世界の風景とはまるで違って別世界の人が乱入してきた趣きで、私には彼の作品も彼の演技もほとんど分からなかった。ただ今でも忘れることが出来ないのは、唐十郎の純粋無垢な少年の様な、異様な輝きだけであった。

このあと唐十郎の「特権的肉体論」を読んで、なるほどそういう考え方もあるのかと思ったが、河原乞食という主張には感覚的に違和感を持った。というのは私はすでに河原乞食として長い間差別されて来た歌舞伎役者の血のにじむ様な苦難の歴史を肌で感じていたからで、そこから抜け出ようとして必死の努力を続けた九代目団十郎の苦悩を思えば、いまさら河原乞食の説には賛同出来なかったのである。

そういう経緯があって、唐十郎とサシになった私はその作品もその人もよく理解出来ずに戸惑うばかりだった。今では想像も出来ないだろうが、当時の私にはそういう受け取り方しか出来なかったのである。

それでも私はどういう訳か唐十郎の芝居を見続けていた。新宿北口の紅テントの『腰巻お仙』。渋谷北谷稲荷の『愛の乞食』、それ以外にも多くの作品を見た。むろん鈴木忠志の演出した『少女仮面』も見た。見たというよりもあの事件に巻き込まれた。当時私は東宝の演劇部に勤めていて、ある日突然上司である菊田一夫に専務室に呼ばれた。そこには宝塚歌劇団の野田浜之助理事長をはじめ幹部が列席していて、『少女仮面』というのを見たか、唐十郎を知っているかと聞かれた。すでに週刊誌が、『少女仮面』が宝塚の大スター春日野八千代を題材にしていることを大々的に報じていたから、そのために理事長は上京して来たのである。

私は、すでに私とは別に『少女仮面』を見ていた宣伝部の大河内豪に助けられて、この作品は春日野八千代を直接描いたものではなく、春日野八千代に憧れている少女を描いているのだから、問題にすべきではない、問題にすれば却って恥をかくという説明をした。それを聞いた菊田専務がすぐ野田理事長を宥めて一件は落着した。今から思えば笑い話に過ぎないが、当時はそれどころではなかった。

それでも私は唐十郎の芝居を見続けた。そのなかでも私がもっとも感動したのは上野の不忍池にある水上音楽堂で上演された『二都物語』と『鐵假面』の二本である。

この二本に感動した理由は二つある。一つは、それまでの唐作品と違って物語の骨格がハッキリしていたこと。御承知の通り『二都物語』にしても『鐵假面』にしても有名な物語である。むろん唐十郎一流のデホルメがある。たとえば『二都物語』は職業安定所――つまり職安の課長と部下の芝居で始まるという具合である。しかしそれがいつの間にか二重の仕掛けで、遠く原作の物語の世界が見えて来て、ロンドンとパリの二都を隔てるドーバー海峡が日本と朝鮮半島を隔てる対馬海峡になり、さらにそれが現実の上野の不忍池になるという具合である。この二重三重の仕掛けによって芝居は大きく厚味を加え、舞台は骨太になりスケールを持った。いつもはどこか捉えどころがない唐作品がここでは異常な強い迫力を持って私に迫って来たのである。

もう一つは、いつもの唐作品では唄に象徴される様に叙情性が濃いが、ここではシーンごとのドラマが着実に立体的に積み重なって、その向こうに劇的なイメージ世界がクッキリ浮かんで来るという点であった。たとえば私が今でも忘れ難いのは、幕切れの例によって舞台の背景が向こうに開いて不忍池が見えるところであった。夜の闇のなか、遠く灯が瞬く向こう岸から白波を蹴立てて泳いで来るものがいる、その時芝居はクライマックスに達し、不忍池は幻の海峡になったのである。満場総立ちの拍手、興奮の盛り上がりはそれまでの唐作品にはない力強さであった。

と、ここまで私は自分の記憶でこの原稿を一気に書いてきて、この事実を確かめようと思って『二都物語』の本を探して見た。驚いたことには、書庫の奥に『ジョン・シルバー』をはじめ『少女仮面』はもとより唐作品の本が山ほど出て来た。

すっかり忘れていたが、私はこんなに唐十郎に熱中していたのか。むろん『二都物語』の本もあった。私はこの本を買った覚えがなかったから、まるで奇蹟の宝物でも手にした様にその本を読んだ。しかしそれを読んで更に驚いたのは、あの水上を泳いで来る肝腎のシーンが影も形もないことだった。あれは現場で唐十郎が付け加えた演出なのか。おそらくそうだろう。しかし、とするとあの幻想の「海峡」は夢だったのか。そう思ったらば、それこそが唐十郎の本当の姿の様な気もしないではない。

しかし私は「第七病棟」の舞台以後ほとんど唐十郎

の芝居を見なくなった。再び唐十郎に関心を持ったのは、唐十郎の芝居ではなく、新井高子の『唐十郎のせりふ』という本であった。この本は私の見ていない唐組が編成された二〇〇〇年代以後の唐の戯曲について書かれている。しかし単なる戯曲の評論ではなく、私の見ていない唐組の舞台を眼前にする如くであった。私は往年の唐作品を見ている様であった。それだけではない。私が見逃していた唐十郎の言葉からイメージへの転換が正確に捉えられていて、私はなる程そうだったかと思った。それは私が紅テントで発見出来なかった唐十郎の「詩学」——あの言葉の変化によってイメージが変化し、さらにそれが世界の変化に及ぶという唐の方法の構造の鮮明な分析であった。

私は今まで何を見ていたのかと思った。何も見ていなかったのだ。その意味で私は唐十郎にとって決して良い観客ではなかったと思う。そう思った時私は不意に、あの高田馬場の居酒屋の二人っきりの時間が甦って来た。唐十郎も困ったろうが私も困った。しかしそれは私の生きた人生と彼の人生のすれ違いの瞬間であった。

新井高子の本はそのことを私に教えてくれた。私はいつも唐組や唐の芝居に夢中になっている人を冷ややかに見て来た。唐は、あの上野の不忍池の水上音楽堂にしかないのにと思い乍ら。しかし新井高子の本を読んでそうではないかも知れないと思った。

唐十郎は新しい時代に蘇って来るのかも知れない。

(演劇評論家)

*エッセイ

唐十郎　河原乞食の遠征録

嵐山光三郎
Arashiyama Kozaburo

一九六七年八月、唐十郎の紅テント劇場が新宿花園神社に出現した。唐十郎は二百人収容の八角紅天幕《アカテント》を手に入れて『腰巻お仙　義理人情いろはにほへと篇』を上演するに至った。作演出の唐十郎（禿《はげ》の宮の役）と妻の李礼仙は美少年の役だ。

唐十郎の劇団（状況劇場）には、いつのまにか奇妙奇天烈《きてれつ》な珍優・怪優・邪優が集まってきて、ドクター袋小路に麿赤兒、アイドルに中嶋夏、理髪師が大久保鷹、音楽は山下洋輔と中村誠一、八月と九月の毎週夜の公演で、入場料は六百円。私は「現代詩手帖」編集長・桑原茂夫と連れだって花園神社へ行った。

花園神社はすごい人出だった。

紅天幕の外はフーテンがうろつき、やくざ者が徘徊し、与太者、住所不定学生がテントを取り囲んでいた。筵《むしろ》で仕切られた楽屋へ行くと、唐十郎はミカン箱の中へぎしぎしに詰めた千円札の束を足で踏んづけていた。踏んづけても千円札は盛りあがってきた。

「やったな。すごい銭だ」

と言うと、唐十郎は、にやりと笑って、

「じつはミカン箱の下は新聞紙なんだよ。一度これをやりたくてなあ。いつの日か箱の下までびっしり千円札をつめて、足で踏んづけてやろうと思っているんだ」。

新聞社の写真部員が、その場面を撮ろうとすると、唐十郎は、

「待て待て」

とそれを制し、イタリアン・カットのピカピカの靴に

履き替えて、靴を札の上に乗せた。

「このほうが成金らしいだろ」

唐十郎は、桃色の襟巻《スカーフ》を首に巻いて悪人面をした。

「銭ゲバみたいにな、うんと強欲な感じに撮れよな。顰蹙《ひんしゅく》を買う感じでな……」

レンズが向けられると、いつもは純情な唐は極道成金のツラになるのだった。

「客は地獄のエンマに会うつもりでやってきているんだ。こちらは化け物になってみせるのがサービスってもんだろ」。

天幕の中は藁《わら》の筵《むしろ》が敷かれ、そこへ坐ると、暑さのため汗がだらだらと出た。

開演前の客席には、美人女優が篠山紀信と並んで坐っていた。その左側には黒眼鏡姿の澁澤龍彦を取り囲んで、土方巽、インド哲学者松山俊太郎、加藤郁乎《いくや》、富岡多恵子、白石かず子、種村季弘、細江英公が坐っていた。澁澤組一帯は闇のゴロツキ一味といった感じだ。

後方に寺山修司が四〜五人の乾分《こぶん》を引き連れ、相撲部屋の親方然として坐っていた。

私の横には皺の深い白髪《しらが》の老人がいて、桑原が「今流《モダン》な爺いだな」と言った途端に、前方の澁澤一帯の加藤郁乎から、

「おーや瀧口先生、そんなとこにいないでこちらへ、いらっしゃい」。

と声があがった。

瀧口修造が立ちあがって席を移した。

一般客入場の時間になると、天幕の外に並んでいた客がどっと入ってきた。土管から地下水が溢《あふ》れてくるような客の波だ。慌てて身を縮めるが、客の波はとまらず、腕から背中から汗を流しつつ、ぎゅうぎゅう詰めになった。

銅鑼《ドラ》が鳴ると芝居が始まって、紅天幕の上をドタドタと駆け抜ける役者がおり、それは麿赤兒だった。のちに暗黒舞踏家となる麿は天幕の上で暴れてから、花園神社の御神燈《ごしんとう》へ飛び移り、そのまま観客の頭をトントントーンと踏みつけて舞台へあがり、ドクター袋小路の「幸福の歌」を歌った。

〽スカッチピンドン、スカッチベル、三つ児《ご》の魂、百までも……

という歌で、麿は脳天から尖《とが》った声を出して、飯粒を嚙むように歌った。場内、たちまち大拍手だが、手は汗でべとついているから納豆のように糸を引いた。

一九六九年の正月は新宿西口中央公園事件で幕をあけた。新しいスター四谷シモン（女形）が入団してきた。正月にここで『腰巻お仙　振袖火事の巻』を上演しようとしたが、東京都の許可がおりなかった。強行公演しようとすると機動隊三〇〇名が動員され、唐十郎や李礼仙が逮捕された。ミノベ都知事の六九年お仕事はじめであった。

七月には状況劇場の南下興行がはじまった。機動隊動員騒動によって芝居が宣伝されたようなものだ。「義理人情いろはにほへと篇」がヒットし、浜松から名古屋・九州・沖縄まで巡業した。唐は「いじけたサツマイモのような日本列島を癒す！」と宣言した。全国興行のあとは渋谷警察の裏にある金王神社が上演アジトとなった。演じるのは『少女都市』極道情話。全身ガラスの少女はじめ、息子恋しいシャンハイママ（四谷シモン）、怪奇博士、河原三味線少年団、同期の桜など看板役者が総出で熱演した。

唐十郎が伍長姿で片目をつぶって
「ナ、同期の桜」

とつぶやくと、いならぶ屈強防国美少年たちはたちまち整列し声をそろえて、

「ハ」

と大声をあげるのだが、おりしもテントごしに見える新宿鉄筋城《ビルディング》建設現場の鉄骨に、声が届いて音波となって反響し、

「ハ・ハ・ハ・ハ・ハ」

とどよめいた。それは闇夜に飛び去る黄金バットの哄笑にも似て、観客は不吉な予言を感じとった。哄笑はちいさくなりながら、無限の空を飛び、それを聞きながら、唐伍長はニタリと満足気に笑うのであった。

四谷シモンの人気が圧倒的であった。人形を作ることと女装芸人を演じることは自己への挑発行為だった。紅テントで狂い咲きのバラードを演ずるのは、自分の

肉体を犯された玩具に転化させる狂気であり、犯された玩具を作るのは、人形のなかにもうひとりの自己を見出そうとする格闘だった、と私は思う。

　この芝居の最中に、天井桟敷の寺山修司が「ほんのユーモア」で状況劇場へおくった葬式用花環を、いやがらせと見た唐一党が、天井桟敷へ殴りこむという事件がおきた。唐はまたしても留置所へ泊ることになる。

　一九七一年の七月、状況劇場の山中湖乞食城（合宿所）が完成した。座員が泊りこみで二年かけて作りあげた。完成パーティーの夜、私は純情な無頼漢画家を連れて乞食城へ行った。クマこと篠原勝之である。クマさんはこの後、状況劇場の美術担当として、九年間行動をともにすることになる。

　この年は大久保鷹がメキメキと力をつけてきた。根津甚八も頭角をあらわしていた。そんななか、劇団創設以来の唐の片腕だった麿赤兒が退団し、四谷シモンも独立していく。

　一九七二年から七四年にかけての状況劇場は海外へ遠征することたびたびだった。

「唐は死に場所をさがしてんじゃないの」

と私は村松友視と話しあった。唐と新宿で大格闘を演じた足立正生はいつのまにかPFLP日本赤軍のメンバーとして姿を消した。

「このままいくと、唐十郎は新宿伊勢丹前でキカン銃ぶっとばすぞ」と言ったのは松山俊太郎であった。一九七一年に、私は澁澤龍彦氏と取材で戦時中のバグダッド、カイロ、テヘランを廻った。バグダッドの古美術店でジャガーの目（宝石）を見ると唐の目に似ていた。ジャガーの目を黄金でつつんだ指輪で、値が高かったので買いあぐねていたら、気前のいい澁澤さんが「オレがお金半分出すよ」と言って、二人で出しあって唐へのみやげとしたのだった。黄金の指輪を男に贈るなど妙なものだが、当時の唐には、ジャガーの目の殺気と黄金のきらめきが共存しているようであった。

　七二年三月戒厳令下の韓国ソウルへ行った。金芝河《キムジハ》の協力によってソウル西江大学構内で、一晩の無許可公演を行った。金芝河作『黄金のイエス』と唐十郎作『二都物語』の合同公演で、「日韓反骨親善大会」と称した。

七二年の四月といえば、連合赤軍の浅間山荘事件が発覚した月である。

金芝河は唐十郎も舌を巻く荒事師であった。

「金は酒を飲みつつ唄って、ハシで茶碗をたたくんだよ。ハシで茶碗を割っちゃうんだから」

と、唐は金芝河のことを話した。

七三年三月、『ベンガルの虎』をひっさげて内戦のケムリたなびくバングラデシュへと向かった。『ベンガルの虎』は『ビルマの竪琴』の水島上等兵が、じつは日本に帰ってきていて「日本商社員・水島」として、戦死者の遺骨を大量に輸入して、ハンコを作って大もうけしている話だった。

映画『ビルマの竪琴』は私も小学校のころ学校じゅうで映画館へつれていかれて、大いに泣いたものであった。敗戦後もビルマにとどまり、同胞戦士の霊をとむらいつつさすらう水島上等兵を思いおこすと、私は泣いて感動しつつも「裏でなんかやってんじゃないか」という疑いがあった。

この頃入団してきた小林薫が、シャープで色っぽく不気味な存在であった。

七四年七月、状況劇場は戦争中のパレスチナ・キャンプへ行き、ＰＦＬＰのコマンドとカラシニコフ銃で射撃合戦をした。キャンプで上演した出し物は唐十郎芝居の最高傑作『唐版　風の又三郎』である。このときのメンバーは李礼仙、篠原勝之、不破万作、十貫寺梅軒、根津甚八、大久保鷹、小林薫、井出情児ほかそうそうたるものだった。

パレスチナ・キャンプ以降の話は『唐十郎の世界』（一九七四年）ほかの書物に詳しく記されているから、ここではふれない。

彼らが帰国してまっさきに自慢したのは「ＰＦＬＰのコマンドとカラシニコフ銃の射撃合戦をして勝った。全員命中したのにゲリ気味の大久保鷹ひとりが失敗した」とのことであった。

唐十郎を頭領とする状況劇場は日本河原乞食をめざして、地平の果てを這いまわってきた。

（作家）

*エッセイ

唐さんとの時間

村松友視
Muramatsu Tomomi

この奥に目指す魔物の棲家《すみか》があるのか……電話で確認しながら手書きした地図をたよりに、阿佐ヶ谷の大通りを少し歩いたところから、小さな路地へつと足を踏み入れたとたん、そんな思いにとらわれた。あのときの私は、中央公論社において初めて創刊された文芸誌『海』の編集部に配属されるや、文壇的領域以外の若い書き手を探すのが自分の使命と息込み、時代の風とともに勃興してきた小劇場運動の渦の中で極立つ個性を放っている唐十郎の肌合に直《じか》に触れようと、状況劇場の稽古場をおとずれたのだった。

　路地奥の右手に、当時まだかなり残っていた典型的な日本家屋があった。開け放された引戸の玄関の前に、おびただしい靴がわざとのように散らばり、そこにしゃがんで靴磨きをしている剃髪の男が、「中央公論のムラマツですが」と名乗った私を胡散くさげに見上げて「どうぞ」と意味ありげに玄関内へと招き入れた。いかにもアングラ劇団らしい装置だ……私はそのムードに呑まれぬよう物腰をととのえ、玄関の内側で迎えに出た別な男の指さす、長い廊下を奥へ向かって歩いた。三部屋くらいある左側の座敷とを仕切る襖の内から客の値踏みをするいくつかの視線を左頬で感じ、奥へつづく薄暗い廊下がおそろしく長く思えた。

　廊下の突き当り手前右にあるドアの把手を引き開けると、その内側が小さな洋間で、客との応対をかねた唐十郎の書斎なのだろうと察せられた。澁澤龍彥、巖谷國士、ジロドウ戯曲集、ホフマン……本棚におさめられた本の背表紙が個性を放ち、中央公論的価値観を拒絶するかのごとき空気感に緊張させられた。

「唐です」

しばらく時をおいて、私の呼吸の小休止の隙間にすいと入り込むような、唐十郎の素早くかろやかな登場ぶりに、アングラの帝王に立ち向かう、大手出版社に属する文芸記者の小ざかしい用心深さが、あざやかにすかされた。色白の面立によく似合う、白絣に灰色の兵児《へこ》帯《おび》という出立から、書生っぽさと町奴的色気がごく自然に溶け合っていた。そして、次に口ばしる言葉を選ぶときの、瞳の光と唇のうごきが連動する微妙な表情の変化には、したたかな企みと幼児のごときいたずら心が交錯していた。

あのとき、初対面の唐十郎と何を話したのか、そこがすっぽりと記憶から抜けている。ただ、あの稽古場にただよう予想通りのアングラ的な空気と、唐十郎の個性がまったく別物だという強い感触と、魔物というよりも天才のみのはらむ比類ない匂いが、私に強い圧《あつ》として灼きついた。

唐十郎の戯曲『愛の乞食』が文芸誌『海』の演劇特集の目次に登場したのは、それからさして時をへぬ頃合いだった。唐十郎の戯曲の掲載については、当時の編集長と一悶着があったりしたので、発売のあとはいささか緊張し作品への反応を待っていたが、毎日新聞に文芸時評を書いていた江藤淳氏が、なぜか『愛の乞食』への激賞に近い文を書いてくれた。この評者は編集長が敬愛する対象たる文芸評論家であり、これで首がつながった！　という思いにひたったものだった。

以来、私は一方的に唐十郎との世間的秩序に抗する共犯意識を体に棲まわせ、唐十郎一味といった気分で時をすごした。唐十郎の戯曲は、刻々と『海』の目次を飾り、担当者としての私は、打合せと称しては酒を汲み交わし、唐十郎のセンスに強い刺激をおぼえつづけた。

雨の日、阿佐ヶ谷のまちの路地裏あたりにある居酒屋で、ヤキトリと焼酎を味わいつつ、店の軒下に雨宿りする痩せて弱々しい野良犬に、ヤキトリの串をぽいと放り投げたかと思うと、急に何か一大事を思いついた体《てい》で涼しげな流し目で私の目を覗き込み、「いい酒ですねえ……」と呟やいてグラスを宙にかかげられたりすると、私は油断なく次の言葉を受け止めるかまえをつくった。そのあと唐十郎の口から、この先書くべき芝居の断片的シーンが次々と紡ぎ出されると、私はその芝居が書き上がったときに編集会議で切り出す言葉を予想する。それは編集者の私にとって、比類ない刺激をもたらしてくれる豊饒な時間といってよかった。

そんな気分の中で、自分が戸山ヶ原の『アリババ』あるいは『腰巻お仙』や『ジョン・シルバー』など、唐十郎の原点である伝説的なアングラ時代に、その才能に吸い寄せられたのではなく、中央公論社の使者としてアングラの帝王時代を脱する寸前にたずねた編集

『少女都市』(1969) 撮影・宮内勝

者という確認を、つねに胸に彫んでいたものだった。編集者という特権的立場によって、遅まきに唐十郎世界を触れ得たのであり、自分の嗅覚が唐十郎の天才を探り当てたのではないという自覚を忘れぬためだった。

〽俺は長いこと　床屋をしていた　新宿三丁目の伊勢丹裏で……レコードの発売後即発禁となった唐十郎の歌「愛の床屋」は、そんな世間的な歌詞から始まる。ゆったりとした時のながれの中で、床屋の椅子に身をゆだね微睡にさそわれている客と、ヒゲを剃る床屋。そんな日常的平安な構図が、レコードの急回転のごとき時の加速によって、突如、目の前の大鏡が砕け散り、床屋が顔に近づけているカミソリがいきなり凶器と化し、日常的けしきがにわかに非日常的恐怖をまとう展開となって、〽ごらんよ　ごらん　カミソリが舞う　ごらんよ　ごらん　首がとぶ……と修羅場がそこに現出あるいは幻出してしまう。公園の公衆便所がたちまち満州と化すのもまた、唐十郎流の平穏や安定や秩序への挑発たる、時間と空間をよじらせる飛翔のワザだった。

唐十郎から手渡される戯曲にちりばめられた誘惑と挑発が、出版社の社員としての軸足をぐらつかせ、ともすれば私は会社の人間というより唐十郎の一味の気分にひたっていたはずだ。

一九七二年三月、韓国ソウルの西江大学校内において、唐十郎は韓国の詩人金芝河《キムジハ》との合同公演を決行する。当時の韓国は日本にやや遅れて過激な民主化運動が勃発し、金芝河はその運動の重大な精神的支柱たる存在で、唐十郎との合同公演時には、逮捕後の仮釈放の身分という立場だった。

「一緒にソウルへ行きませんか……」

私は、その前年に唐十郎との密談めいた酒の汲み交わしの中で、そんなさそいを受けた。この時期の唐十郎は、白絣に兵児帯素足に下駄ではなく、丈の長いオーバーコートの上からやけに長い毛糸のマフラーを首に巻く出立になっていた。『海』への掲載が多かった唐十郎作品だったが、金芝河との合同公演のさい上演される『二都物語』は河出書房社の『文藝』に掲載された。あのソウルへのさそいは、それを気にした唐十郎らしい屈折した気遣いにちがいなかった。私は金芝河と唐十郎の組合わせが発する、何とも言えぬ刺激に強くそそのかされ、休暇届けを出した上で、劇団員と宿舎を共にする唐十郎とは別のソウルのホテルを予約した。

ソウルで遭遇するやいなや、私が泊ったホテルの一室で、金芝河の仲間と状況劇場の役者たちの顔合せをかねた小さな宴をやりたいという遠慮がちな唐十郎の申し出を受けたのはうれしかった。そして、その一室では、私にとって想像外の衝撃的な場面が待っていたのだった。

韓国の焼酎真露《チンロ》がかなり回った頃合いで、唐十郎の眼の光と唇の連動による微妙な表情の変化が生じたかと思うと、「李!」と部屋の一角に立って李礼仙（のち李麗仙）を手招いた。「わたしはむかし、この李礼仙と二人で金粉ショーダンスをやってキャバレー回りをしていました」と劇中のセリフのごとき抑揚で言ってから「ゴールドショー!」と気合を発した。反射的に唐十郎の肩へ駆けのぼりポーズをとった李礼仙を頭上にさし上げて回転させ、自らも回転していく。真露の酔いのため体のバランスは心もとなかったが、すぐにその不安定が嘘のように消え、一回転しては正面をむいて見すえることをくり返すときの眼光が、その場に幻夢を表出させる凄みある鋭さと妖しさをはらんでいた。

それをじっと見守っていた金芝河が、唐十郎と入れかわるように同じ場所に立ち、「これはレプラ（ハンセン病）の踊りだ」と言って仲間のひとりに合図した。その男はその場に胡坐をかき、手近かにあったアイスボックスを引き寄せるや、右手に持つ金属のフタをつかってガラスと金属によるゆるいリズムを刻みはじめた。

レプラの患者が、はるか彼方から失なわれた自らの力を抱き寄せ、ついには肉体の躍動を獲得して激しいうごきが頂点に達し、ふたたび力萎えてうずくまり現実に戻るまでの一部始終を、金芝河は表現したようだった。肺を病んでいた金芝河の息遣いは、激しいうごきのせいで乱れていた。ガラスと金属がぶち当る音のリズムにゆだねる金芝河のうごきは、円を描くような唐十郎と対照的な直線的軌跡を放ちつづけた。

二人は、それぞれのワザを宴の場に供する芸として披露しおえると、もとの居場所へ戻って無表情で真露を呷った。

天賦の才をもつ同世代の河原者とお尋ね者同士の火花をちらすケンカでもあり、信頼のしたたかな交錯でもある、謎のかけ合いのような不思議で贅沢な時間と空間を間近かで目撃した私は、体の底から意味の汲み取りにくい涙がこみ上げるのをこらえていた。

不思議な酩酊感にひたった私は、金芝河一派と唐十郎一味の西江大学での合同公演をスケジュールの都合で観ることができなかったが、見るべきものは見たという充実感とともに、公演前日にソウルをあとにしたのだった――。

それから何年かが過ぎ、唐十郎作品が何作も『海』に掲載されたあと、私はひょんないきさつから中央公論社を退社し、作家という肩書となった。そして、それ以来唐十郎の紅テントへ足をはこぶこともなく、唐十郎ともほとんど顔を合わせることもない時をすごしてきた。会社の仕事という世間的立場に身をゆだねて、彼の作品を掲載し、打上げの宴で彼の隣りに坐らされたりもしていたのだが、編集者という肩書が失せるやなぜか金縛りのように唐十郎への接近を自分に禁じて時をすごしてきた。

すでに世間的価値として浮上しはじめた波に便乗するようなタイミングで唐十郎と出会ったことへのうしろめたさもそのベースにはあった。そんなこだわりを、あのソウルにおいて金芝河と張り合った唐十郎の発する火花に打ちのめされた衝撃的酔い心地の後遺症があと押ししたのかもしれなかった。それやこれやの唐十郎との疎縁にからむ仮説が頭の中に飛び交っているうち、唐さんに旅立たれてしまった。そんな呆然たる感慨が、この文章を書くにあたって時を辿りなおしたあげくの着地だが、巨大な欠落の時間への自問自答のその正解とは、これから先のどこかで出会うことになるのだろう。

（作家）

*エッセイ

心の旅路

唐十郎の地誌学

寺山修司
Terayama Shuji

「フェルナンダは屋敷が化物であふれているような印象をうける。毎日、使うものがひとりでに動き、とんでもないところで見つかるのである。食器、ペン、インク壺。フェルナンダは、物をいちいち、〈前にあった場所〉に固定しておこう、と思った。
そこで、鋏を長い紐でベッドの枕もとに縛りつけ、ペン軸と吸い取り紙は机の脚に、インキ壺は天板の右端にゴム糊で貼りつけた」

（ガルシア・マルケス）

だが、〈前にあった場所〉とは、何か？　それはたかが記憶の問題でしかなく、最初から、〈いまある場所〉にあったのだ、と思ってしまえば、フェルナンダの恐怖は消失してしまうのである。

記憶ちがい、ということもあるだろう。物の所在に〈とんでもないところ〉など、ありはしないという考え方だってできる。しかし、フェルナンダは、〈前にあった場所〉にこだわりつづけることで、ロマンを生きる。記憶との葛藤は、いつでも、どこでも、やるせなく美しいものだ。

唐十郎のロマンもまた、自らの内面に世界が〈前にあった場所〉を抱えこむことから書きはじめられている。

それは、処女作から最新作『下谷万年町物語』まで一貫して、記憶の地誌学を整序しようとする試みのなかに、あきらかである。

そして〈前にあった場所〉を過去進行形としてではなく、現在に倒錯し、そこに〈前にいた自分〉を発見し、思いがけず鉢合わせしてしまう。〈前にあった場所〉が、まちがっていなければ〈今、ある場所〉は幻であり、〈今、ある場所〉がほんものならば、〈前にあった場所〉は、ただの思い出にすぎない。

男　君は？
少年　僕だよ。

と、二人の唐十郎が向きあう。

少年　僕は、あなたを待っていたんです。
男　どうして？
少年　そろそろ帰ってもらおうと思って。
男　どこに。
少年　ここに。

私は「帰ってはいけないよ」と、つぶやく。帰ってゆくことは、フェルナンダと同じように、「化物にあふれた町」の中に自らを消してしまうことだ。だが、それでは「今、いる場所」が幻ではないと、誰が言い切ることができるのだろうか。

私は浅草の春の夜に、うしろめたさと、言い知れぬなつかしさを抱いて、立っていることがある。

父を殺したのは、母ではなかったか、と思いながら食った国際劇場横の小食堂のカツドンは、ボロボロとテーブルにこぼれた。

いつも、外の闇から、私を見ているもう一人の私がいた。

春の夜の電柱に
身を寄せて思ふ
人を殺した人のまごころ

夢野久作

（劇作家・演出家／「状況劇場」一九七六年四月）

＊エッセイ

レコード針に吹く風は

安保由夫
Anbo Yoshio

乞食城の天守閣の真下八メートルの板の間にスピーカーを仰向けに横たえて、一日中韓国歌謡「女学生時代」を流し続けている。天守では、城主唐十郎がひとり、目には見えぬ何者かと格闘している。見上げる僕はただ、レコード針をつまんでは頭に戻す。戯曲『ベンガルの虎』執筆中の光景である。

天守閣に籠もって七日、三〇〇枚相当の幻影の登場人物とともに地上に降り立った作者は、「さあ、演ってみようか」と言い、劇団員を見渡した。「女学生時代」のレコード盤から針を降ろした僕は、あわててギターに目をやったのだが、その時にはもう唐さんの「アンボッ！　どう？　出来た？」という声が背中を襲っている。出来るもなにも、まだ台本も見ていない。とはいえ音楽係としては何かデッチあげねばならず、ジャラジャラと掻き鳴らすと、唐さんは「そうそう」などと言いながら酒の準備を命じる。そしてそのまま「新作台本完成の宴」へと突入していく。

この年の前年、一九七二年に、朴政権の夜間外出禁止令下のソウルで初めての海外公演『二都物語』が韓国の詩人金芝河の協力を得て行なわれた。その幕開けに鳴り渡ったペティ・キムの「愛するあなたに」が芝居の色を決定づける重要な曲となったということもあり、韓国歌謡がなにか今後も材料として使えるかもしれないと考え、何枚かのレコードを持ち帰って来ていた。その中の一曲が「女学生時代」というわけである。

歌詞の内容は学園ソングかもしれなかったが、前奏のギターのフレーズが唐さんには大亜細亜を駆けめぐる虎を想わせたようで、バッタンバンからビルマにまで舞台が広がる「ベンガルの虎」という物語は、そんな音曲が手招いていたにちがいない。

唐さんの頭の中で戯曲の種子が芽を吹くこととなる出合い方はさまざまだが、作者が関心を持った一枚の絵画、写真、楽曲がその契機になることも事実だ。実際、僕が唐さんのそばで過ごした十年のあいだ、一曲の音楽が唐さんを誘い出した例を数多く見ている。僕がまだ入団する前、一九六九年に書かれた『少女仮面』は、メアリー・ホプキンの「悲しき天使」を唐さんが耳にしたのがキッカケとなっている。その時劇団員は三日三晩、そのドーナツ盤をかけ続けたため、レコードの溝は擦り切れたという。

そんな戯曲と音楽の「白熱関係」を知ってしまうと、音楽係としては常に巷の音楽に「聴き耳」を立てていなければならない。ラジオやテレビ、映画、レコード店などで出来るかぎり楽曲を集め、唐さんを刺激しそうな曲があれば録音しておき、ことあるごとに聴かせる。いつの間にか僕の音楽を聴く姿勢は、芝居に使えるかどうかという一点に集約され、それが習性のようになってしまった。いまだにそれが抜け切れていない。

唐さんのほうからも、「ゆうべ、ゴールデン街で飲んでいたら、素晴らしい曲が流れたが、あれは何だったのだろう」と突然つぶやかれたりする。何処の店だったかご本人が忘れている場合は、立ち寄ったであろう店を訪ねて、これもまた前の晩にかけたであろうレコードをすべて聴きまくって探し当てたということもままある。

唐戯曲を誕生させる音楽、あるいはその芝居を彩る音楽は、古今東西あらゆるジャンルに渡っている。ブルーコメッツ「ブルー・シャトー」、ナンシー・シナトラ「シュガータウンは恋の町」、アーサー・キット「ウェディングベルが盗まれた」等々の流行り歌は状況劇場初期の芝居によく出てくるし、ブラームスやバッハなどのクラシック、国も題名も分からない映画音楽、美空ひばり、三橋美智也、山本リンダ、ミキス・テオドラキス、エンニオ・モリコーネ、小林旭、内山田洋とクールファイブ、プログレや中近東の歌謡曲……。こういった音たちが紅テントの中に充満していた。

年に最低でも二本は新作を書き下ろす唐さんだが、小説や評論はともかく、戯曲を書くときは書斎の机では筆が走らないらしく、ほかの場所を選ぶことが多い。それも狭くてみすぼらしい部屋が絶好らしい。そうなると狙われるのは劇団の、最も貧乏で安く汚いアパートに暮らしている座員の部屋だ。

早朝から書き始めるタイプの唐さんは、朝六時には筆記用具と芝居に使う音楽が入ったカセットレコーダーを持って、そいつの部屋にやって来る。三畳間を占領された座員は、なけなしのインスタントコーヒーをつくって唐さんに差し出し、やはり近くに住む劇団員の部屋に避難することになる。そして唐さんは、音楽をかけつつ、戯曲を書き継いでいく。

昼十二時キッカリ、唐さんは昼食を食べに自宅に戻るが、今書いている場面のイメージや頭に残っている音楽がこぼれないように頭を水平にしてソーッと歩き、静かに食べ終ると、同じ格好で書きかけの戯曲の待つボロ部屋に平行移動していく。

唐さんの生原稿を見た人ならご存じと思うが、戯曲は無罫のクロッキー帳に横書きされている。文字の大きさは一、二ミリメートルである。一見しただけでは模様にしか見えない。これを縦にして見ると、セリフ尻を稜線にした棒グラフに見える。山が高く続く箇所は長ゼリフ、谷ならば短かいセリフというように、芝居のテンポが一目瞭然になるのである。そういう意味では楽譜に近いものがある。で、これを四百字詰原稿用紙に清書するのだが、唐さんが「三一〇枚くらいになる」と予告すると、やはりピタリと枚数が合う。それをしてガリ切り、謄写版印刷を経て綴じると台本の完成である。当時、ガリ切りは学生時代のアジビラ経験者が上手く、特に根津甚八の字が綺麗だった。

僕はすぐに音楽係になったわけではない。入団してすぐ、ちょうど春公演『吸血姫』が始まったときで、最初の仕事は電気を紅テントまで引いてくることだった。公演場所は、現在の渋谷パルコパート1（パルコ劇場が入っている）だが、その頃はまだ渋谷西武の駐車場だった。

　舞台監督の水谷潤治さんのあとに従って行く。駐車場の囲い塀を乗り越え、路地の街灯によじ登り、電線の被覆を剝がし、そこにケーブルをつないで紅テントまで引っ張っていく。この行為は明らかに盗電であったが、後に正式に東電に臨時電源を頼むまで僕は電気はそうやって取るものだと思っていた。三十五年も前のことだから、これはもう時効だと思うけれど……。

　音響効果係になったのは多分、ギターのコードを三つ知っていたから、くらいの理由だったと思う。常に紅テントのオペレーション室にギターを置いておき、テント芝居では度々起こる停電や年代物のテレコの故障のときにいつでも飛び出せるように備えていた。機能が回復するまでコード三つでなんとか間を持たせようというわけだ。

　今では、そんな事態はまず起きないとは思うが、いつだったか唐さんが「もし東京が焼け野原になったら、またそこで芝居をやろう。ローソクとギターの一本でもあれば出来るから」と言っていたことがあった。実際、バングラデッシュやパレスチナでの公演は、それに限りなく近いものだった。それこそ電気も無く、ギター一本で役者は大声を張り上げて走り回っていたのだから。あれが演劇といえるものなのか分からないが、今思うと、昔、唐劇団が旗揚げした当時の情景に近いものだったかも知れない。

　テント芝居は突然街に現われて、忽然と消えて行く。そこで流れていた音楽もまた消えてしまうが、いつか風のざわめきの中にかすかなメロディーがふと聞こえてくる、そんなときがあるかも知れない。そのとき東京が焼け野原であるかどうかは知るよしもないけれど。


（作曲家・元「劇団状況劇場」団員／河出書房新社『唐十郎紅テントルネサンス！』二〇〇六年四月）

＊エッセイ

いい加減な夕暮に

柄谷行人
Karatani Kojin

《なんていい加減な夕暮れでしょう。さらにいい加減な生誕が、この僕です》（『ユニコン物語』）

たとえば、犬と椅子の違いは、イヌとイスの違いでしかない。犬がイヌである必然はないし、椅子がイスである必然もない。犬はイスだったかもしれないのだ。というより「犬」はいなかったのだ。イヌとイスの前に、犬や椅子があったのではない。犬や椅子があってそれがイヌヤイスと名づけられたのではない。ヌとスという差異だけが、犬や椅子を生みだしたのだ。「意味」というやつの生誕は、何といい加減なものではあるまいか。

《お父さん、あなたは憶えていますか、あの下谷の病室を。二十年前のこんな春、病室には新生児用の十三のベッドがありました。そこに僕はおりました。取り替えられたのも知らず、誰も引き取り手の来ない十三番目のベッドに寝ていたのが、僕です》

取り替えること。それは取り替え可能であるがゆえに、取り替えられるのだ。ヌとスを取り替えるいい加減な盗人《ヌスット》を、制度は禁じる。「汝取り替えるなかれ」というのが、最初の法だ。あるいは時間の起源、不可逆的な歴史性の由来である。

アイデンティティの不安だって？　心配するには及ばない。犬が犬であるというアイデンティティの証明の手つづきはとうに出来上っている。犬のルーツを求める犬たちの形而上学が支配している。不安は、より快適に安心するための刺戟にすぎない。ときには、犬は犬だという「自同律の不快」を唱える不快な犬もいるが、せいぜい犬小屋のユートピアを夢みるだけだ。

『模造柘榴』（1996）開演前　長野若里公園　撮影・清水博純

この犬を笑え。

《ブルジョアはプロレタリアの恰好をして、プロレタリアはブルジョアのつもりで、果てしなく取り替えっこの稚戯にふけっている。確然とした元の位置に誰が戻ろうか。見せろお、目に見えるブルジョアを、味あわせろ、プロレタリアートを》

取り替えはすでに取り替えの制度の下にある。合法的な取り替え、強制的な取り替え、それが「自由」というやつなのだ。昨日は椅子で今日は犬であるという取り替えっこは、すでにそれが根源的な「取り替え」可能性の抑圧の上にのみあることを隠す。ヌとスの差異のたわむれは、「意味」の下に深く秘されている。何が、「意味」の生誕のいい加減さを一瞬暴露するのか。それは「笑い」である。目にみえるプロレタリアートを探しあぐねる革命家たちは、笑うことを知らない。彼らはリゴリストであって、「リンゴリスト」ではない。だが、いい加減な「偶像の黄昏」に、リンゴリストの盗人がたちあらわれる。彼はわれわれをいい加減さの始源に送りとどける。

（批評家／「状況劇場」一九七八年三月発行）

＊証言

いつでも剛速球を投げられるように

稲荷卓央
Inari Takuo

一九九一年に入団しました。兄に連れられて『セルロイドの乳首』という芝居を観て、「これだっ！」と思ったんですね。まずは憧れです。高揚しました。こんな世界があったのか、という気持ちです。

唐さんからの演出というと、正直、いまだにうまく説明できないような気がします。ただただ言葉の重みから逃げられないという感じでしょうか。演じ手側としてはひたすらその台詞、言葉を探るということしかなかった。この人は何を考えてこういう台詞を書いたのか。どう役者に自分の言葉を立体化させようとしたのか。その煩悶にも似た考えとの格闘というのが、唐十郎という人の演出を考えるということだったと思います。

これは、唐十郎という人と時間を共有した人でなければ理解ができない。それは理屈ではないんです。作家と過ごした時間がどれだけのものか、そこに尽きるような気もしています。台詞を覚える、実際に演じてみる、稽古のあとに酒を飲みながら今日の稽古について話す、この積み重ねです。今の時代では信じられないことかもしれませんが、酒を酌み交わす時間がとても重要だったとも思います。思いもよらない誉め言葉や叱責、「酒」という時間は唐十郎という人にとって他人を発見する時間だったのかもしれません。

言葉の重みをこいつはどう思っているのか、それを役者のなかに見ていたんだと思います。人間の心の深さというか、闇の部分ですね。それをどう役者の肉体に根づかせるかが唐さんの演出方法、目指したものだったのではないでしょうか。

そういう意味では、役者を救ってくれる演出、どこがどうだめかを考えさせてくれた。自分はずいぶんダメ出しをされたほうだと思いますが、できたときにはすごく喜んでくれる。役者を喜ばせる達人でした。そして「もっとやれ!」というふうに。それが役者を鍛える唐さんの方法だった。本人も気づいていないところについて、おまえはこういういいところがあると伝えてくれました。

一面、シャープでドライな人物という印象がありますが、義理人情を大切にする人でもありました。怒りや優しさすべてをひっくるめた義理人情。そうした心持ちが役者を育てるところにも関係してくる。俺がいるから心配するな、そのうちなんとかなる、そう教えてくれたように思います。これは役者として生きていくのに大いに助けになりました。こういう人がいたことに心底、豊かさを感じたものです。

不思議なことに、そういうような生活を何年も送っていると、精神的に繊細になっていくように感じるんです。台詞に対して、言葉に対して、そしてそれらを根づかせる肉体に対して。繊細になるにつれていろいろなことを疎かにできなくなる。

こんなことを言われたことがあります。「ずっと剛速球を投げられる役者でいろ」と。それは上手くやろうとするなという演技論のことであり、また器用に立ち回るなという役者としてのあり方なのだと思います。この言葉は僕の生き方の大きな柱となっています。

観客を創る演出についても考えさせられました。唐さんは常々サービスと迎合は違うと言っていました。けっしてウエルメイドにもっていかずに観客をさらっていく。唐さんの頭のなかの迷宮に引っ張り込んでしまう。観客は茫然としてしまうわけです。どう芝居が終幕を迎えるのかまったく予想ができない。読み解くだけでない、生身で唐さんにぶつかるような錯覚を起こさせる。そこに唐戯曲の面白さ、怖さがあるのだと思います。演じる側にとっても観客側にとってもそこに個人の冒険がある。現実と虚構の境目が一瞬なくなって宙ぶらりんにさせてしまう。そしてほどなくして個人の生活に戻っていく。紅テントの体験は、ある種の「遠征」といえるかもしれません。

練習すればできるものでもない。役者の持っている背景が見えてくる、その生活史が浮かび上がってくる匂うようなリアリズムをやれよ! とよく言われたことが思い出されます。(談)

(劇団唐組・俳優)

＊証言

新たな解放区を求めて

不破万作
Fuwa Mansaku

唐十郎との出会い

——唐さんとの出会いについてお願いします。

不破　最初に唐さんに出会った頃は、まだ明治大学の学生だったんですよ。校舎の屋上で、入っていた学内劇団の、実験劇場の作業をしていたら、声をかけて来る人がいて、「なんでしょうか」って言ったら「君は役者志望なの?」って聞くんです。「明日からウチに来たら、すぐ舞台に出れるよ」って言ってきたのが、実験劇場の先輩、唐十郎でした。「東京の西にダムが出来て、少年がその水辺を歩いていると、水底からオルガンの音が聞こえる。なんどもそれを聞いた少年は裸になって水に潜ると、水底に沈んだ小学校の音楽室で少女がオルガンを弾いていた」。「君、この話どう思う?」と聞かれ、「いいですね」と答えた。「じゃあ明日、僕の稽古場にいらっしゃい」と言われて、「はい、行きます」と答えてしまった。

翌日、稽古場を訪ねたんですよ。そこは四畳半一間のアパートで、そこに大久保鷹と麿赤兒がいた。どこで稽古をやるんだろうと思ってたら、その四畳半なんです。中のものをみんな外に出すんです。四畳半が舞台で、外の前庭から演出するんです。芝居は『ジョン・シルバー』（一九六五年一一月、日仏会館ホール）でした。

——最初は『ジョン・シルバー』だったんですね。でも劇団をその後やめなかったのは、面白かった、ということだったんですね。

不破　もちろんそうですよ。そのまま残っちゃった。『ジョン・シルバー』は観客も少なかったですよ。五、六日やって四、五〇人くらいしか来なかったんじゃないかな。友人とか親戚の子とか、同級生とか。

次に出たのは『アリババ』（一九六六年日立レディスクラブホール）でした。出演する役者がちょっと多いので、実験劇場から四人くらい連れて行ったのかな。だから、いつ入団したのかわかんないんですよ。

――その頃の唐さんの印象はどんな感じでした？

不破　少年みたいな感じ。すごく清潔感と正義感にあふれてるっていうか、純粋に見えた。一生懸命ものを喋るからね。真面目な人なんだなと思った。ポソ、ポソと喋るんですけど、それが逆に効果があったみたいで、磨赤兒なんかは、唐の言葉を聞いちゃうとついやっちゃうんだよな、って言ってました（笑）。

――最初の頃、どんな演出を試みてたんでしょうか。

不破　普通、発声練習とか、立ったり座ったりいろいろエチュードやるじゃないですか。そういうのは一切ない。感じたままにやれと言われたですよ。その頃からアドリブは絶対ダメだったんですよ。「このセリフ、意味がわかんないです」と聞いても、「わかんなくても喋ればいいんだ！」と言われた（笑）。

一九七〇年に『少女仮面』で岸田國士戯曲賞を取って、だんだんメジャーになっていくんですが、それまでは彷徨していたんだと思う。いろんなことを試していた。戸山ハイツで野外劇をやったり、新宿ピットインというジャズ喫茶でもやったり。

――一九六七年に花園神社でテント公演が始まります（『腰巻お仙　義理人情いろはにほへと篇』）。以後テント公演は状況劇場の代名詞のようになります。テント公演をやると聞いた時はどんなお気持ちでした？

不破　それは面白いと思いましたよ。なにもない空き地にテントを建てて、そして終われば消えてなくなる。なんて気軽に考えていましたが。実際は朝からテントを建てて舞台を作り、仕込み終わったら、メイクをして客の前に立つ、これがなかなか大変な労力がかかるけれど、面白かったです。地べたに座ったお客さんとの距離が近いこと、近いこと。

――『腰巻お仙』で「ポン引き役」でしたね。初めてのテントの舞台の印象をお願いします。

不破 テントの布一枚をくぐると登場人物になり、退場してテントの外に出てしまえば、通行人とかわらない、不思議な体験でしたね。

――当時、妻の李礼仙さんが看板女優で舞台を支えてました。お二人をどのように見ていましたか。

不破 唐と李って、夫婦なようでいて夫婦じゃない。演出家と女優。しかし、女優の方が強いから唐さんは小さくなってましたよね。李がいないところではめちゃくちゃに騒ぐし、周りに人がいるのが好きなんですよね。人がいないとダメな人だったなあ。でも、李さんには勝てないんですよ。すごいエネルギーで、それがどこから出てくるかわからない。怒るとすごい。早口で、唐さんがモゴモゴ言ってる間に百倍ぐらい喋っちゃうから。唐さんでもそうなんだから、俺たちが何か言ったら大変だったよ（笑）。

アジアへの「遠征」

――想像できます。一九六〇年代末から一九七〇年代はじめにかけ、当時アメリカ占領下だった沖縄、韓国、バングラデシュ、シリア／レバノンのパレスチナ難民キャンプと旅が続きますね。

不破 沖縄は、「日本列島南下興行」で『腰巻お仙義理人情いろはにほへと篇』を持って行って、その最後に行ったんですが（一九六九）、復帰前のアメリカ占領下の沖縄だから、外国だったんですよね。パスポートが必要だったんです。国際通りの駐車場でやったんだけど、芝居の途中で米兵が勝手に覗いたり、テントに入ってきたりするんですよ。外に追い出すんですが、みんな拳銃を持ってるんです。怖かったですよ。

その時、テントは、フェリーの手荷物にはならなかったんですよ。貨物だというのです。当時は貨物料金を払えなかったので、何としても手荷物にしなければいけなかったんです。押し問答の末、強引に手荷物として運びました。二回目の時は、芝浦から五四時間くらいかかって、貨物船で出演者全員も貨物になって行きました。

――韓国はどうするつもりだったんですか。

不破　いや、流石にテントは飛行機はダメで、現地で手に入れることになったんですけど、テントなんて借りられるところ、ありませんよ。それで結局野外公演になったんです。あの時はどこでやるかも全然決めてなかったんです。しかし、下見に行った山口猛たちが、ソウル大学の演劇サークルの連中と出会ったり、朝日新聞の支局長が金芝河を紹介してくれたりして、なんとかなったんですよ。何しろ韓国は戒厳令下で、こちらだけでは何もできないんです。でも偶然が偶然を呼ぶような感じでうまく行ったんです。

その学生たちと飲んだ時、漢字で筆談でやりとりしてたんですけど「汝力不足」って向こうが書いたんですよ。それを見て唐さんが怒って殴っちゃって、乱闘になりかけたんです。そしたら金芝河がきて、止めに入って、それは誤解だということがわかりました。公演をするには自分たちの力が足りないということを言いたかったようで。でも、もめてよかったんです。それで対話が始まりました。こういう偶然が続いたんです。学内劇団の公演という名目で、金芝河達が『金冠のイエス』、俺たちが『二都物語』で合同公演の形でやりました。

――いや、演劇史に残る重要な公演ですよ。その時手伝った人に韓国で会いましたが、韓国演劇界を引っ張る人々に育ったようで、韓国にとっても大きな事件だったようです。

不破　わかんないもんだねえ。唐さんもそうしたことまで見越してやってたわけじゃないんだけど。

――当時もう不破さんは二〇代後半になっていて、唐さんのところでこのままずっとやっていくことに不安とか生まれなかったんでしょうか。

不破　全然なかったです。面白かったから。春と秋に二回本公演をやって、その間に研究生公演みたいなのをやった。とにかく稽古は毎日です。いろいろ他にもあって、三六五日、日曜日もなかったな。でも深夜のバイトで疲れていても、辛いと思ったことは一度もなかったですよ。いい意味の緊張感がずっと持続していたんですよ。芝居することで、緊張感があったんだと思います。唐さんの演劇論に、「芝居は結局、役者のものである。芝居が観客を作る」というのがありますよね。役者としてそういう使命感はありましたね。「お前らがつまんなかったら、絶対観客はついてこないんだよ。お客さんをいかに作りだすかが演劇の醍醐味なんだ」と語ってました。そういうことが力になりましたね。

——役者同士で、演劇について論じることはなかったんですか。

不破　うーん、劇団での演劇論は……ないんですよ。強いて言えばバトル論かな（笑）。誰と誰が喧嘩したとか、そんな感じで、他の芝居の話をしてもあんまり関心を示さないんですよ。実際、そうだったし、黙ってそっと見に行くようなところもあった、そんな感じでした。

いや、もちろんいい芝居はありましたよ。つかこうへいの『熱海殺人事件』なんか、あれだけやれば客がくるよな、とか話してたし。ただ、唐さんの芝居は他と違うんですよね。僕なんかは唐さんのセリフの流れが好きでした。でも、好きとできるとは違うけど。ただ、そういう流れの中でマンネリ化していった部分が、あるのは事実ですね。ヒロインが変わらないから。

——ただ、韓国の後、バングラデッシュ、シリアとレバノンのパレスチナ難民キャンプと、大変な旅が続きましたよね。これは大きな高揚をみんなにもたらしたんじゃないですか。

不破　そうなんです。で、バングラは『ベンガルの虎』、パレスチナは『パレスチナの風の又三郎』と、上演する理由があるわけですけど、こっちは大変なんですよ。予備調査も何もなしにいきなり行って、それで場所を見て「あそこにテント張れないか」となる（笑）。

——確かに。ただ、文化交流なんて問題にされなかった当時、ちゃんと手続きしてたら行けなかったかもしれませんね。

不破　そうでしょうね。国際交流基金に我々のシンパの人がいて、向こうの政府に、よろしくとは言っておいてくれたみたいなんですけどね。我々のことを、この人たち何考えてるかわからないけどって、言ってたみたいです（笑）。

――その当時もう、そういう公の動きがあったんですね。

不破　ええ、それでその効果があったのかもしれないですけれど、バングラで向こうが護衛のために兵隊を六人つけてくれたんですよ。そうしたらその一人が、我々が持っていった小道具の、ワンタッチで開く傘を見て、銃と交換してくれっていうんです。断ったら、四、五歳の娘を連れてきて、この子と交換してくれって。すごく美人なんですよ。その子が（笑）。「何という国なんだ！　プライドはないのか！」。全ていきあたりばったりで、めちゃくちゃなんですよ。こんなことでいいのか、と思ったんですが、何とかなりました。

　しかも唐さんが、後からいろいろ理屈をつけてくるじゃないですか。「我々はアジアのへりをめぐる」「演劇の歩兵志願」とか。それがリアリティを持ってくるんですよ。そのへんが面白かった。黒テントみたいに先に理論があってそこに向かって邁進するような形だといやになっちゃうと思うし、やってしまった後にそれが形になる、という唐さんのやり方は面白いと思っていました。

パレスチナ難民キャンプで

――ただ、パレスチナの時は、紛争下だから事前調査も含めてかなり固めて行ったのではないですか？

不破　あれは本当に大変でした。語るのも怖いくらいです。映画監督の足立正生さんや協力してくれたいろんな人がもちろんいました。ＰＬＯを通じて現地に入ったんですけど、支配しているのは、ＰＬＯだけじゃない。行った難民キャンプには四つくらいのゲリラ・セクトがあった。現地に着いた初日に根津がもう一人と外を歩いていたらＰＬＯでないセクトに捕まって大変な目にあった。いろいろ取り調べを受けて、落ち込んでましたよ。こっちも、何でこんなところに来てしまったんだろうって思った。

『唐版　風の又三郎』パレスチナ難民キャンプ公演（1974）。左が不破万作、棺に入っているのが唐十郎。撮影・井出情児。唐は公演の記録映像を作品化することを企図し、劇団員だった井出が全行程を撮影している。

彼らの日常って戦闘の連続なんですよ。だから銃を持ってるし、戦闘訓練はするし、着いたその日に、自分の命は自分で守ってくれと言われました。だから我々も訓練に加わりましたよ。カラシニコフ銃を組み立てたり、これはスピードが要求されるんですね、それから銃を持ったまま泥水の中を匍匐前進したり、壁をよじ登ったり……。

——現地の日常に入るということはそういうことなんですね。劇団員だった井出情児さんの記録映像で見ると、実際の公演にはゲリラが兵士の役として銃を持って舞台に登場してましたね。

不破　ボーイコマンド（少年兵）を二〇人貸してくれたんですよ。シオニストを倒し、これからは俺たちがこの国を守るっていう役で。最後に彼らが空に向けて空砲を撃つんですが、かっこいいんだけど怖いんですよ。銃をこちらに向けてる奴もいる（笑）。というのは、俺と十貫寺梅軒とクマ（篠原勝之）がシオニストの役だったんですね。彼らは芝居と現実の境界がないのです。そもそも芝居という概念がないんじゃないかな？　坊主頭のクマが普通に街を歩いていると、罵られたりツバを吐きかけられたりする。イスラエルへの憎しみは相当深いんだなと思うのと同時に、「これ芝居なんだよ」と言いたいんですが、芝居ということの説明がつかない。難しいんですよ。しかも、暑いんでテントじゃなく、上に天幕を張っただけで、小道具などは全て現地のもの使ってやるでしょう。現地の、そこに生きている人の物語ととられちゃうんですよ。

――唐さんがまた現地の人を登場させ、現地の現実を取り入れて書くから、余計難しくなるんでしょうね。

不破　そうなんです。イスラエルに絶えず攻撃されている現実と、唐さんの書く戯曲の現実がマッチングしちゃうんですよ。そうすると、こいつらが悪いんだ、ということになってシオニスト役の我々を攻撃することになる。唯一の日本人の観客は角川春樹。「お前らの芝居は高いなー」って言ってましたね。ここに来るのに七〇万円くらいかかったって（笑）。

――行ったんですか。それもすごいですね。

表現すること・現場を創ること

不破　こういう公演をして、演劇って何だろうって思い直しましたね。本能の動くままにやっているように見えて、やはり唐さんなりのビジョンがあったんだろうなと思います。しかし活動としてはいいとしても、そうした形でやり続けていいのかな？　一九八〇年に『女シラノ』でブラジルへ行きました。私は一か月半ほど前に先乗りして、現地で渉外活動や舞台のセット作りをしていたんですが、現地とのやりとりが大変でゴタゴタして、唐さんが行かないかもしれないなんて言い出すし、だんだんきつくなってきて、実は稽古にも参加してないんですよ。

――そうですか。もしかしたら、不破さんの中で、パレスチナ行きが一つの山で、峠を越えたっていう感じがあったのかもしれませんね。

不破　ちょっと疲れが出てきてたのかな。ブラジル公演の後はしんどかった。パレスチナまでで、アジアのへりは回ってきた、だから少し落ち着いて東京でやりたいな、と思っていたのは事実です。しかし、唐さんは東京でやるとしても落ち着くのは許さない。わざわざ夢の島でやったりする。観客を試すようなことをするんです。こうして本物の客が生まれるんだってね。当時の夢の島は砂町から四〇分くらい歩かないとつかなかった。でも客は来ましたね。しかも、いつもの三倍くらい。

――ただ、パレスチナの後、他の劇団でも何度も上演されるような問題作、骨格がしっかりしてスケールの大きい作品が続くんですね。『おちょこの傘持つメリーポピンズ』（一九七六）、『蛇姫様』（一九七七）、『ユニコン物語』（一九七八）から『下谷万年町物語』（一九八一）に至る。唐さんの中で何かが吹き出していったというか……。

不破　そうですね。だんだん戯曲がストーリー的にまとまってきたところはあるんじゃないでしょうか。それでいろんな人が唐さんを評価しだした。ただ、こちらはしんどかったです。小林薫がブラジルに行った後やめたんです。本当は彼の前にやめたかったんだけど、というのは彼がやめたら劇団がガタガタになってしまうと思ったから。やめどきを失って一九八三年までいました。

――一九八〇年代に入って若い劇団員も入ってきて、ある種まとめ役のようになっていらっしゃったと思うんですが、不破さん、役者の年代が変わって結構孤独なのかもしれないなと思って見てました。

不破　まとめ役っていうことはありませんでしたけど、芥川賞を取った時（一九八三）、選考会の日に結果をみんなで待っていたんですよ。その時、権力や権威に対して日頃あれだけ悪辣に言っていた人が、受賞の電話を受けて涙流してたんですよ。「しょうがないな、もらってやるよ」みたいな感じじゃなかったんです（笑）。それはわかりますよ、誰もがもらえる賞じゃないんだから。まあ、そうなんだろうな、とは思いましたけどね。
受賞する前あたりから、セリフがどんどん丁寧になっていくんですよ。飛躍の連続でギクシャクしてたのが面白かったのに、それが無くなっていくように思えました。何でこういうこと言うの、という違和感を持つセリフも無くなって、だんだんキチンとおさまっていくようになっていった。つまらない、とは言いませんよ。しかし、一九八〇年代初め、つかこうへいは全盛だったし、野田秀樹も出て来た頃で、そっちの方がデタラメで、オッとひっかかる分、面白いなということにもなってきたんです。

――最後に出たのは『黄金バット』（一九八一）ですか。芥川賞取った後、唐さんはテント公演を休んだんですよね。

不破 そうなんです。唐さんに呼ばれて「俺、一年間芝居やらんから。物書きに専念する」と言われたんです。その時、ああ、この人の本音だな、と思いました。確かに編集者がいっぱい出入りして、文芸雑誌にたくさん書かなくちゃいけなかったんですよ。「えっ、やらないんですか？」と言ったら、「どうしてもやりたいんだったら、俺のホンを使ってお前たちでやってくれ」って言われて「そりゃ話が違うでしょ」と思った。

――そういうことがあったんですか。唐さんも飽和状態だったんでしょうね。大江健三郎さん（当時芥川賞選考委員）に公演休んで怒られたって、あとで言ってました。そんな中で一九八三年に離れたわけですね。

不破 やめて、もう演劇から足を洗おうと思ってました。やりきったわけじゃないけど、やり残したことをやるには技量はないし。もういいやと思ってたら、蜷川幸雄さんから「万ちゃん、どうしてる？」って電話がかかってきたんです。「もう芝居やめようと思ってるんですよ」と答えたら「やめるのはいつでもやめられるんだよ。今からだよ」って言われて、現在の事務所を紹介されたんです。ちょうど二人目の子供も生まれたし、生活のこともあって続けようと思い直し、ちょっと保守的になったかな（笑）。

唐十郎演劇とは

――最後に、今から振り返って、唐十郎という人、唐十郎の演劇世界はどういうものだったと思いますか。

不破　芝居をやっている人はもちろんのこと、さまざまな分野に多くの影響を与えたと思っています。テント劇場を始めた人もいれば、状況劇場風の芝居を取り入れた人もいますが、何か物足りないと思います。唐戯曲の底辺に流れているリリシズムみたいなものが、見えないからだと思います。この先五〇年後、一〇〇年後、唐さんの戯曲が上演されると思いますが、生きていたら、そっとのぞいてみたいと思います。

――もし今、唐さんに会えたら何を話したいですか。

不破　……次、どこにしましょうか、ですかね（笑）。場所探しをやってたでしょ、六か月前から探さなくちゃいけないんで。水を使いたいとか、背景は都会のビルとか指定してくるし。空き地を探すんだけど東京に空き地なんてそうないんですよ。観客が来られるところじゃないといけないわけだし。最後にテントの幕が取っ払われたら、現実の街になるわけですから。空き地探しは冒険でしたね。どこでやったら唐さんの芝居は面白くなるか、それを考えるのがスリリングでした。それは苦労しましたよ。偉い人にいっぱい会いました。そうやってそのうち良い場所が見つかるんじゃないかと探しました。

――上野の不忍池なんて大ヒットじゃないですか。

不破　あの時もそうだったんだけど、大物の、日本共産党の野坂参三にも会いましたよ。テント建てるのに右も左もないんです（笑）。解放区を作っていくのが面白いんですよね。でも、二、三回やってどこも追い出される。まあ、どこでやろうと、誰が真似しようと、唐さんの芝居は絶対同じものはできないんですよね。絶対同じものができないというのが、芝居かなあ。その日の芝居はその日見た観客にしか体験できないから。

――ありがとうございました。

（俳優／聞き手　樋口良澄）

*証言

土方、唐、寺山の時代

Yokoo Tadanori

横尾忠則

土着とモダン

——今日は唐さんをめぐって、それに関連した六十年代の文化状況についてうかがいたいと思います。横尾さんの状況劇場公演のポスターは世界的なレベルで評価が高いわけですが、そこに至るまでに土方巽さんのポスターを手がけています。このあたりから横尾さんのポスターも変わっていくような気がして、まず土方さんとの仕事についておうかがいします。

横尾　土方さんは最初、田中一光さんに依頼したんですが、モダニズムの一光さんは自分には合わないからって僕を紹介したんですよ。僕は土方さんのリサイタルを会う前に見て、これは僕に近い世界だなと思ったけれど、実際は遠いものの方がやりやすい。でも不可怪な土方さんに興味もあったし。

——近い世界とは？

横尾　家が西脇の呉服商で、呉服の商標ラベルや徳用マッチ箱のデザインなど土俗的な環境から早く脱却して都会のモダニズムの方へ行きたいと思っていた。しかし東京に出てデザインというモダニズムの世界には行ったけど、百％は受け入れられなかった。土方さんのリサイタルでは、日の丸とか、古い日常のものが使われていました。その世界は僕の郷里の環境と近く、あまり好きじゃなかったんですが、ポスターを作るためにそれを一度持ち込んでみようと思ったんです。この『バラ色ダンス』（一九六五）では、旭日を描いているんですが、それは徳用マッチ箱に使われたものだし、サバ缶も入れてる。逆に新しいものとして、新幹線が開通したからそれを引用したり、僕の中の肯定的要素と否定的要素を融合してみようと思った。公演のタイトルが「バラ色ダンス」でサブタイトルが「A LA MAISON DE CIVEÇAWA」となっていたので、澁澤龍彦の関心事の薔薇十字に関わるシンボルを導入しました。

――この土方のポスターが、名高い『腰巻お仙　忘却篇』（一九六六）のポスターの一つの原型になっているのではないでしょうか。新幹線も旭日も登場しています。

横尾　その通りですね。一種の連歌のようにつながっていますね。唐君とは寺山さんに紹介されたんです。寺山修司とは週刊誌の連載でその頃よく会っていて、TBSのロビーで二人で美空ひばりの歌を小声で歌っている時に彼が来たんです。右翼のテロリストみたいだけど、風呂上がりみたいなつるんとした顔をして、愛想よくニコニコしてるんですよ。その翌日か翌々日にはもう電話がかかってきて、『アリババ』のチラシを作ってくれないかと言ってきた。チラシといっても粗末なもので、飛びつくような仕事ではないけれど、演劇の仕事はまだ少なかったから引き受けたんです。その後、『腰巻お仙』の依頼があった。彼のこの連鎖的なタイミングを、面白い奴だなと思って、交流が始まったんです。

――寺山さんとの仕事はまだなんですよね。以前、ポスターの依頼の時、寺山さんは理路整然と自分の仕事のビジョンとか意味を話すけど、唐さんはもごもご言って何話しているんだかわからない、結局自分の芝居のあらすじを語っただけだけど、唐さんの方がイメージが湧いて結果的にいいものができたような気がすると、話されてましたね。

土方巽『バラ色ダンス』ポスター　1965

横尾　唐君は芝居の構想をいろいろ語るんですよ。だけどできてないんですよ。即興的に僕を相手に、目の前で創造していく。時々自分で「あ、これ面白いな」とか言ってるんです（笑）。僕が反応すると、「それはいい！」とか言って、骨子がないんですよ。語るだけ語ると、「じゃ、お願いします」と言って帰っちゃう。寺山はその反対で、理路整然、細かいところまで全部言う。そうするとね、彼の話をそのまま模写するように、こちらとしてはなっちゃうんですよ。唐君の場合、模写しようったって模写できないんですよ（笑）。それで結果的に唐君の方がクリエイティヴになれた気がする。僕の中にもモダニズム志向があったので、寺山のモダニズム志向に僕は影響を受けたと思うんですよ。一方、彼は東北の土着的な不透明な概念をいっぱい持っていて、それを僕にぶつけてくるんですが、それを肯定しているのか否定しているのか、よく分からなかったですね。僕はそのような土着性は否定していたんですよ。それを描くことによって吐き出しながら否定していった。

三島由紀夫さんがものすごくうまく説明してくれたんですよ。俺は土着を書かないで土着を拒否する。君は、世間の人たちは土着をあたかも売り物にして肯定しているように見てるけども、そんなものを肯定してない。むしろ、土着を否定的媒介としてそれを吐き出すように描いてるんだ、と言ってくれたんです。三島さんは僕にとって批評家であり教育者だった。そうした否定が僕の中でブレンドされて、それで唐君や土方さんのポスターができちゃったんだと思います。「できちゃった」んですよ。「できた」んじゃないですよ。「他動的にできてしまったんです。

寺山は、むしろ、土着的なものを全面的に否定するのではなく、肯定的に出してましたね。これでもかっていう感じで出してる。そこはちょっと違った。でも、彼にはその根底でモダニストへの憧憬がありましたね。彼は格好も、レインコートの襟立てて特攻隊みたいな白いマフラー巻いて来るんですよ。それは、どっかずれたモダニストなんです。前近代が首を絞めてる。石原裕次郎の真似をして足を引きずって歩いていましたね。

『腰巻お仙』のポスターをめぐって

——『腰巻お仙　忘却篇』のポスターについて具体的におうかがいしたいんですけれども、中心にあるのは細江英公さんの写真ですよね。このポスターを作ろうと思った時、どこから入っていったんでしょうか。

横尾　細江さんの写真は、どっかの新聞の小さい写真だったんですよ。それを拡大したので網目が目立っています。大久保鷹ともう一人の後向きのツー・ショットですね。

——えっ、李礼仙だと思ってました。

『腰巻お仙　忘却篇』ポスター　1966

横尾　大久保鷹の唇を赤く塗った。そしたら李礼仙になったんです。その写真を使って、当時のアメリカの安いコミック雑誌の表紙にバットマンとかスーパーマンとかがバーンと飛び出しているでしょ、その感じで腰巻お仙を立体的に飛び出すようにしたんです。レタリングはコミック雑誌のタイトル・ロゴを踏まえています。

——深層に六十年代のコミック雑誌の世界があるんですね。

横尾　桃は桃印徳用マッチの桃を拡大しました。新幹線や旭日も入れてるし、舌出し唇とか空飛ぶ女とかその頃僕がよく描いていたものを入れています。身近なものをこの中にみんな放り込んだのかな。

——広告の喫茶店・丘とか、御茶ノ水駅前にあった名曲喫茶で、そういう小さなものがうまくデザインに溶け込んでいて泣かせますね。あたかもそうした町の店が『腰巻お仙』の要素になっているような。寺山さんだとＪＵＮだとかメジャーな会社を入れるんだけど。

横尾　あの広告はポスターの印刷代のためです。彼はメジャーなクライアントを入れたかったんですよ。自分がメジャーだってことを主張したかった。唐は自分が最初からマイナーだって知ってるから、そんなメジャーなものはむしろ拒絶してた。

――このバラはどうして入ってきたんですか。

横尾　それは花札から。澁澤龍彥さんの言葉とバラを花札にしました。これと全体を囲う黒い枠はお葬式の黒枠です。死をイメージしてるんです。バラは花札にはないんだけども、土方さんのところで薔薇十字をやってるでしょ、その連鎖で同じバラを違う方向に図案化して澁澤さんの文章を入れたんですよね。これは別に入れてくれとも言われてなかったんですけれども。

――バラ、唐さんは舞台で使ってますね。

横尾　唐君も寺山もポスターの図像を舞台に引用したりしてましたからね。結構ポスターからも影響あったんでしょうね。

――そうですね。唐さんとはその後『ジョン・シルバー』(六七)、『由比正雪』(六八)と続くんですね。

横尾　僕の中にずっと花札があって、『ジョン・シルバー』のポスターに本物の花札を貼り付けた。それを栗津潔が寺山の本にそっくり引用した。

――明治大学の唐十郎アーカイヴにこれらのポスターが保存されていて、実際触れると重いんですよね。シルクスクリーンの版画で、もう美術作品というべきものですね。

横尾　物質感があるでしょ。

六十年代の交流

――『ジョン・シルバー』のこの女の人の造形は、何かこだわりがあったんでしょうか。

横尾　何か原典があったと思うけど、記憶にないですね。『ジョン・シルバー』で立ってた女の人が続編でひっくり返って、アニメ的に時間を表してるわけです。太陽も下から上に上がっていくんですよ。背景のぼかしは明らかに北斎とか広重の浮世絵のぼかしです。全体が花札になっているんですけど、この黒枠で死をイメージしている。僕はいろんなところにこの後も死のイメージを共通して出していきます。

――唐さんに比べると寺山さんのは随分雰囲気が違いますね。『青森県のせむし男』(一九六七)、この時は横尾さんは天井棧敷の劇団員というか、内部の人間としてデザインしたわけですね。

横尾　座付絵師みたいな感じで、僕を入れておけば、デザイン料払わなくてすむし、そういう戦略もあったと思いますよ（笑）。

——でも横尾さんも、劇団の仕事がやりたかったんじゃないですか。

横尾　むしろそうです。他に仕事が全然なかったし。日本デザインセンターを辞めてフリーになったら、見事に仕事なんか来なかった。天井棧敷に関してはモダニズムっぽい要素をいっぱい入れてるでしょ。『大山デブコの犯罪』（一九六七）は大入り袋だけど、『毛皮のマリー』（一九六八）なんてボナールですから。彼はこっちの方に憧れているんですよ。でもやってしまうと土着が出てくるんですよ。そこが面白かったですね。土方さんにはそういうモダニズムはなかったですね。彼らとの出会いを演出したのは六十年代から七十年代という時代だと思いますよ。あの時代でなければ、出会えなかった。僕の場合、そこに何かしら三島さんがいるんですよ。細江英公さんが三島さんと土方さんを結びつけ、土方さんと寺山、唐の交流はあった。そこに澁澤さんがいたんですが、天井棧敷はどうだったかな。澁澤さんは、常に傍観者で。時代の中でのこういう出会いって、もう今の若い人はわからないと思うけど。

——そうですね。『横尾忠則自伝』にはそうした交流が濃密に描かれていますね。その本によると、新宿・戸山ハイツでの『腰巻お仙』公演初日に行かれたそうですね。

横尾　唐君たちは、ポスターを街に貼らないんですよ。巻いて筒に入れて重要な人に送ったんですよ。それを最初に始めたのは土方さんなんです。そのスタイルを

『ジョン・シルバー』ポスター　1967

唐君も真似た。唐十郎なんて誰も知らないし、みんなトウ・ジュウロウって呼んでましたから。しかし、それが一年くらいの間にわーっとアンダー・グラウンドからアッパーに上がってきたわけですよ。

戸山ハイツで実際見た時は、草がボウボウと生えた空き地、そこにただ下に降りる階段がある。その穴のような空間の周りをムシロで囲って円型劇場にした。穴の底でやっているのを観客は上から見るんですよ。

――プールの跡地がある空き地だったらしいですね。

横尾　観客は非常に少なく、澁澤、土方、細江さんなど我々だけ。そして車座になって酒飲みながら見て、上でまた一つの舞台ができてるわけですよ。下で唐君たちが芝居をやって、「バカ野郎、お前たち何しに来たんだ。俺たちの芝居を見に来たんじゃねえのか」となってるわけです。一つの空間で二つのお芝居が成立してるわけです、どっちが本物かわからないけど。そうこうするうちに、怪しいことをやってると、近所の人が警察に電話したらしく、パトカーが来ちゃった。ムシロを警官が全部外して、芝居は中断。唐君は舞台から「早く家に帰ってかかあとおまんこして寝ろ」と歌で喧嘩してるんですよ。

――唐さんは『腰巻お仙』の後記で「私たちは三日間興行しなければならなかったので、アホのような物腰で、蔭じゃあくどいことを、という女衒の思想で自らをのさばらせた。が、時は寒く、場所が辺ぴなため、三日間で七十人の客しか来なかったが、今思うとそれこそ観客の中の観客であったようだ。演劇とは、終局的には、観客を創造することであったならば、私の演劇的船出は、その戸山ハイツの夜から始まったのかもしれない」と書いてます。横尾さんも『自伝』で一つの「文化的事件」と書かれていて、画期的な一夜だったんじゃないでしょうか。そんなことがあって次々と唐さんの仕事を引き受けられた……。

横尾　そうですね。

アメリカとの相互影響

――ただ、ちょっと戻るんですが、『腰巻お仙　忘却篇』を六六年に作って、六七年九月に初めて短期でニューヨークに行きますよね。アメリカで当時全盛だったポップ・アートに触れて、帰国して日本のアート・

『毛皮のマリー』ポスター　1968

シーンはどう見えたのでしょうか。

横尾　その頃、ニューヨークには毎年行ってたんですね。日本では当時の若者文化をアングラと言ってたけど、アメリカではアンダー・グラウンドという捉え方はなかった。ポップ・アートだし、ウォーホルもアンダー・グラウンドとは言わなかった。日本とアメリカで一番違うのは、ドラッグの存在です。日本はドラッグ・カルチャーがなかったんですよ。サイケデリック・ムーブメントっていう言葉はニューヨークでちょうど六七年に初めて出た言葉なんです。日本ではまだ誰も知らない。ここで変わらないと変われないと思って、ヨーロッパに行く予定をやめて、ニューヨークに四か月いました。帰国して僕はものすごい異界体験をして帰ってきたという感じでした。アメリカのポップ・カルチャーの根底には全部ドラッグがあったんですよ。

――帰国後、寺山さんや唐さんの仕事を続けるんですが、ニューヨーク体験の影響は今から考えるといかがでしょうか。

横尾　その頃は日本のグラフィック界は僕の全作品を否定しましたからね。ものの見事にはっきり言葉で否定しました。だからあの時に僕、アメリカに行ってなければ、八十年代の僕のルネサンスは起こらなかったろうね。全然今と違う画家になっていたでしょう。「画家宣言」なんかしなかったかもね。ニューヨークでは不安感はなかったですね。唐や寺山のポスターは評価されると思ってた。そうしたらアメリカでやたらと評価されてしまったんです。

――『自伝』では、帰国後にポスターに大きな変化が現れたと書いています。「同じ形態が連続的に繰り返されたり、花を描いたり、永遠と無限を象徴する宇宙空間などを表現するようになった」「浮世絵の風景画に見られる水平線と空のボカシの手法を採り入れ、今まで以上に幻想的な画面になった」。寺山さんの『人力飛行機ソロモン』(一九七〇)はそういう印象ですね。

横尾　反復の事を言ってるんでしょうね。ただそれはお話しした土方の時からその要素は出てたんじゃないか。ちゃんとした観念としては出てなくて、あくまでも身体的なものとして出てきていた。アメリカで経験したことをそこで描いたのは、作品を観念化した説明だと思いますね。アメリカに行ってそれまで僕がやったことが、少しずつ言語化されてきたっていう感じ。ただ、そうなると面白くないんですよ。言語化されなかったから面白かったんで、言語化されると、自分の作品に説明を求め始めるんですよ。何も知らないでこんなのができましたってやってる時が、一番作品が力を持ってたと思いますね。

——確かに『ジョン・シルバー』のボカシも渡米直前ですね。横尾さんはアメリカに行ってポップ・カルチャーの洗礼を受けたと言われてるけど、その前からそういうことをやってたということですね。

横尾　自分で言うのは変ですが、むしろアメリカのデザインに影響を与えていた。アメリカ人に、お前の作品を見てると、ドラッグが日本にもあったのかって思ったと言われました。ジョークだけどね。

唐十郎という生き方

横尾　でもね、デザインの仕事は一人でしょ。唐君たちの出し方と全然違うんですよ。

——演劇は集団ですからね。

横尾　唐十郎には、小さい唐十郎がいっぱいいるんですよ。誤解しないで聞いてもらいたいけど、麿にしても大久保にしてもみんな唐の肉体の一部で、小さい唐十郎なんですよ。彼は自分一人だったら不安になるんです。小さい唐十郎に聞くんですよ。みんなワーワーって言って、それをまとめて自分の大きい唐十郎に作っちゃう。そういう生き方、生活そのものを演劇的にしてたんですよね。僕なんか一人で、小さい横尾がいないからさ、ああいうふうにできるといいな、と思って(笑)。

——確かに、唐さんはあまり出さないけど、いつも不安を抱えてましたよね。

横尾　本当に不安なんだけど、小さい唐十郎がよっしゃーって言うからさ、全部それが自分の要素になっていくんですよね。それでどんどん自信をつけていく。

――自分のことを日常から演出してました。

横尾　彼一人ぽつんと立つと寂しがり屋で、なんかセンチメンタルなところがあるんですよ。偉そうなこと言ってるけど、すごい不安と恐れを持ってた。それを大きく見せる時にお芝居が始まるんですよ。あれが大きい存在だったらあんな芝居できない、小さい存在だから全員を小さい唐十郎にさせちゃうわけ。

実は『由比正雪』の後に、もう一点作ったんですよ。今までの僕の作風を彼が求めていることが分かったわけ。でも、そうしたら僕自身も自分の作品のコピー作ることになるからダメだし、唐君も僕のイメージで芝居やろうとしたらダメだから、一回ひっくり返してやろうと思って、とんでもないポスターを作ったんですよ。それは、怖かったようで受け入れなかった。キャンセルしてきた。その時、彼はそれをどういうふうに理論化していいのか分からなかったみたい。「横尾ちゃん、こうじゃないんだよな」って言うから、「分かってる。僕の今まで作ってたポスターが唐君と僕の間のイメージだから、これを僕が壊さないと唐君と仕事ができないから僕が壊す。これを受け入れるか受け入れないか、君次第だから」と言ったんです。結局「それはちょっと無理だ」と受け入れられなかった。

その頃に彼は、僕はよく知らないけど、守りの体制に入っちゃったんじゃないか。小説書いたりしだしたからね。自分のイメージは、僕のポスターのイメージでもあったみたい。それを僕はどこかで動かしたかったんだけど、ちょっと怖かったようです。

――その幻のポスターはもう残ってないんでしょうか。

横尾　残ってないけど、覚えてる。

唐君に最後に頼まれたポスターは『由比正雪』ですが、この頃僕は従来の土俗的イメージから脱却したく、それを唐君が依頼してきた次の作品で（タイトルの記憶はない）試してみようと思い、従来のイラスト作品から絵画的手法に移ろうと思って、絵画的表現で、憲兵がオートバイに裸の女を乗せて砂漠を走っている絵を、双眼鏡の二つのレンズ内でとらえたクローズアップをメインに構成しました。従来の状況劇場のイメージを一新する、状況劇場にとっては画期的なポスターになるはずでしたが、唐君はやはり僕の従来のスタイル（『腰巻お仙』、『ジョン・シルバー』）で状況劇場のイメージを踏襲したかったようです。もしあのポスターを採用してくれていたらアングラ演劇もガラッと変わったと思うのですが、このポスター以降の状況劇場は、ほとんどのポスターが挿絵的で大正ロマン風のロマンチックで懐古趣味的なものになってしまいました。僕は彼の演劇と対立したものを描きたかったのですが、残念でした。

そこで寺山の天井桟敷の『青森県のせむし男』と『毛皮のマリー』を土俗から美術的表現にして、状況劇場で出来なかったことを寺山の土壌でやろうとしたのですが、『毛皮のマリー』の舞台美術で、演出を担当した東由多加とケンカしたために天井桟敷をやめ、寺山との交友もなんとなく途絶えてしまいました。従って僕の後を宇野亜喜良が担当。やはり寺山もロマンチックなポスターが好きだったようです。

これは、今までの唐十郎のイメージを全部払拭する新しいものができると思ったけど、やらなかった。今まで「唐十郎」がなんだか分からないでやってきたのに、「唐十郎」が自分の中で見えてきたんじゃないの？多分ね、これが「唐十郎」だって言えてきたら、そこからちょっと守りっていうか、これでいこうっていう地固めに入ったんじゃないか。あれを使ってくれれば、世間の見る目も、唐の芝居が変わったぞと思ったと思うんですよ。

——これは初めてうかがうことで、貴重なお話です。

横尾　誰にもしてませんでした。彼の優しいところでもあるんだよね。唐君の中では前とはずいぶん違うことをやってるって意識があったでしょうけれども、やっぱりどこか彼の中のへその緒っていうか、尾骶骨みたいなものが残っていて、そこを切りたくなかったみたいなところがあったんでしょうね。風船が飛びあがって、どこ行ったかわからないような唐十郎を僕は作りたかった。作りたかったなんていうと失礼だけど、そうしたら僕も自分の尾を切ってふわふわしながら、なんか面白いことができたと思うんだけど。彼はどこかに、ちゃんと根を張っていたいんですよ。そこを切らなかったね。僕も唐組といっしょに変わりたかったんだけどね。でも、それがまあ唐十郎かもしれない。

——寺山はかなり切ってたんじゃないでしょうか。

横尾　あれはモダニストの部分があったからね。でも寺山さんは切っても、毛が出てきちゃうっていうか……。シミ出てくるんじゃないか。彼は、僕と会った時にあと命が一五年だって言ったんですよ。だから彼は全部タイムスケジュールを作って、一五年の間に何をするかって思ってやってきた。そういう生き方をしましたね。でもああいう時代はもう来ないんだろうな。

——でも寺山さんがもし生きてたら、スマホ、ＡＩの時代って結局寺山さんの得意な引用とコラージュの世界ですよね。

横尾　面白がるんじゃないかな。今生きてたら、彼はすぐ取り入れたでしょうね。留守番電話なんて誰も知らない頃に、彼はそれを利用していて、びっくりした。唐さんはその流れにはずっと抵抗してたという感じはありますね。

　でもね、天というのは、運命っていうか、宿命的に、お前はここで終わりという、厳しいことを平気で宣告すると思いますよ。寺山も唐もその時間の中で十全に生きたんじゃないかな。

——横尾さんはまだまだじゃないですか。

横尾　僕は早く切ってもらいたいですよ。向こうの世界に憧れてるからさ。こっちの世界はもういいわ。向こうで、こっちの世界が崩落するのをのぞき見たいですね。

——ありがとうございました。

（美術家／聞き手：樋口良澄）

＊エッセイ

転倒の美学

Sano Shiro
佐野史郎

　杉並、堀ノ内斎場での、唐さんの通夜に参列した。棺の中で眠る唐さんに表情はなく、人形のようだった。『特権的肉体論』の中に綴られていた「肉体が、石のような物になるように思えて了う」の一節を思い返す。「痛みは、肉体を気づかせ、恥は、肉体の痛みを持続させる。しかし、痛みの意識は、自らの内に発生するものでなく、そこには必らず他者の視線が介在する。石に頭をぶつけて、痛いという感覚とは逆に、視られた肉体の痛みは、自らを石にさせるのだ」と。

　唐さんは「戯曲が書けなくなった」と漏らしたといい、奇しくも亡くなった日に初日を迎えた唐組の再演『泥人魚』は、まさに、その葛藤の中に自らを投じたような芝居だった。現実に於いては転倒してコンクリートに頭をぶつけ、脳挫傷を起こし、結果、筆を置くこととなった。さらには自らの命の幕を閉じる際にもまた転倒して頭部をぶつけ、急性硬膜下血腫で亡くなった。

　肉体の痛みによって、その機能を停止させたのではなく、他者の視線をしかと受け止め、特権的肉体を『少女都市』の台詞のように、ガラスの、鉱石のような「観念の結晶」にしてみせたように思えてくる。

　唐さんの顔を間近にしながら手を合わせると、じわりと目が潤んだ。状況劇場時代から色々とお世話になったことに礼を述べ、またいたらぬことばかりであったことを詫びた。

　祭壇には花が飾られると共に、以前ＮＨＫで放送された唐さんの特別番組が流されていた。

状況劇場、唐組のことなどが紹介された後、十八代目中村勘三郎さんが、いかに唐さんの芝居に魅せられたかを熱く語り、そこに歌舞伎の原点を見たとおっしゃっていた。

勘三郎さんは唐さんに歌舞伎の戯曲を書いてもらいたかったようだが、唐さんは断った。河原乞食から始まった歌舞伎の原点に立ち返りたいとの想いはわかっても、人間国宝をも生み出す伝統芸能としての歌舞伎に取り込まれるわけにはいかないとの、テント芝居を続けてきた矜持だったのだろうか？

その代わり、状況劇場の看板女優であり長年連れ添った李礼仙さんと離婚して状況劇場を解散したのち、自ら「下町唐座」を名乗り浅草の川辺に仮設の芝居小屋を建て、状況劇場、李さんとの別れを正面から受け止めたかのような芝居『さすらいのジェニー』の興行を行って、歌舞伎への返答としていたように思う。

そうして唐組へと一座は名を変えたが、紅テントは唐さん亡き後も姿を現し、その伝統を継承せんとして唐戯曲は大劇場でも上演されている。

振り返れば高度経済成長期からバブル経済へと至ると同時に、ひとつの時代の幕をも閉じたのだった。

けれど、その幕はもっと早くに……おそらく私が状況劇場に入団した頃には疾うに引き始めていたのだろう。

一九七四年状況劇場初の公演『唐版　風の又三郎』を、当時ゴミ廃棄場であった夢の島と、上野の不忍池で観た時の衝撃は忘れることができない。

織部　「もしかしたら、あなたは風の又三郎さんじゃありませんか？」
エリカ「君はだあれ？」
織部　「読者です」

紅テントの天幕が落とされると、現実と劇空間は転倒し、現実社会の方が虚構なのだと突きつけられた。

だが十年後の一九八四年、『あるタップダンサーの物語』のラストシーンでは物語を紡いできた唐さん自身が舞台から花道へと降り、ちゃぶ台に向かって作家になることを宣言し幕を閉じた。

風のようにさすらってきた一座の座員たちは次々と去っていき、唐さんは作家として芥川賞を受賞し、後には紫綬褒章の打診もあったという。

けれど、唐さんは撥ねつけた。

「オジキ」と慕ってきた若松孝二監督に「国から勲章をもらったら、唐とは絶交だ」と言われたから……と聞きはしたが、本心や如何に？　若松監督が他界した後の晩年、文化功労者として勲章を授与されたのは、転倒の美学を内に秘めていた故だったのだろうか？

かつて『特権的肉体論』の「いま劇的とは何か」の項で、「暗黒と陽光を同時に支配する眼を、そしてその二つをかけめぐるバネを手に入れなければ、地上は荒廃するのが当然」と述べていた。それはアカデミズムに対する大いなる叛逆ではあったろうけれど、唐さんは、最後まで、その身を天照らす陽光の中に投じてでも、暗黒を呼び戻そうと企んでいたのかもしれない。

そうして陽光の視線を受け止め、「観念の結晶」と化したのだろう。

「読者です」というセリフで締めくくられた『唐版 風の又三郎』から時が経ち、「作家になる」という内容のセリフで閉じられた『あるタップダンサーの物語』上演直後の稽古場で、唐さんに引導を渡された。

「お前なんか、もういらないんじゃないか？」

「そんな演技してたら映像では通用しないぞ」

結果、映画やドラマの世界を通して俳優修行をやり直す機会を与えていただく形となった。

一九八〇年、初めて紅テントの舞台に立った『女シラノ』の終演後、金、土、日の公演を終えた後は皆で高円寺の銭湯に行き汚れを落とし、稽古場に帰っての朝までの宴が習いだったが、唐さんは入団したばかりの私を呼びつけ耳元で囁いた。

「大きな芝居ができなければ、小さな演技はできない。小さな演技ができなければ、大きな芝居もできない」

師の教えを胸に秘め、二つのバネのありかを今も探している。

（俳優）

＊エッセイ

唐さんの残像

松岡和子
Matsuoka Kazuko

初めて唐さんの芝居を見たのは一九八〇年五月。まだ劇団名は状況劇場で、花園神社で上演された『女シラノ』だった。評論家の柄谷行人さんが連れて行ってくれた。開演前に「唐に紹介しよう」と言われ、柄谷さんに付いて小さな楽屋テントに向かう。入り口から漏れる明かりを背に現れたのは、ランドセルを背負った小学生、半ズボンの制服姿である。えっ！　それが初対面の唐さんだった。

「なんてきれいな歯をした人だろう」

　こぼれる白い歯と笑顔が私の目に焼き付いた。その場でどんな言葉を交わしたかは憶えていない。また、『女シラノ』そのものがどんな舞台だったかも全くと言っていいほど記憶にない。喜劇女優としてテレビで活躍していた清川虹子さんの客演が話題になった。後になって、十貫寺梅軒さんと小林薫さんに「間に合った」と思ったことは憶えている。

　戯曲を読み返してみても、唐さんが演じた「ピーチヤン」がランドセルを背負った小学生である理由は分からないのだった。

　その時は、よもや私が唐さんの芝居の劇評を書く日が来るとは夢にも思わなかった。

「その日」は翌八一年に来た。当時の西武劇場、今のパルコ劇場で上演された『下谷万年町物語』である。劇評を読んだ唐さんから「書き始めた時の気持ちを思い出した」という感想をいただき、評を書くということはその対象である創作者から評されることでもあると肝に銘じた。

　その後、雑誌や新聞に何本かの唐演劇の劇評を書かせてもらった。

　一九八二年、出口典雄さんが主宰していたシェイクスピア・シアターが唐さんの『吸血姫』を上演し、演劇評論家の扇田昭彦さんと一緒に稽古を見学させてもらったことがある。シェイクスピアの全戯曲上演を成し遂げた出口さんに「唐の芝居をやったら？」と勧めたのは扇田さんだ。その日は唐さんもいらしていて、あるシークエンスに、舞台前の梁から客席に向かって「バーっと」日本軍の軍服コートを飛ばしたらどうだろうと出口さんに提案していた。それを目撃した私は、何だ、この発想は！　と驚嘆した。

　そのときだっただろうか。唐さんがご自分の芝居作りの一端を「圧縮と飛躍だね」とおっしゃったのは。

　一九八九年、『電子城――背中だけの騎士』を見た。三回も見た。

　私はフクロウが好きで、我が家には材質や大きさも様々なフクロウ・グッズがあっちにもこっちにも居る。九〇年代に入ってすぐ、ある女性誌に「フクロウ狂い」と題したエッセイを書いた。その一部を引用する。

　――そのコレクションの中の最大のものは、鳥籠に入った体長三十センチ余りのシマフクロウ（だと思う）である。もちろん生きているのでもなければ剝製でもない。唐十郎さんの劇団唐組が目黒不動尊境内で『電子城』という芝居を上演したとき、紅テントの舞台の小道具として使われたものだ。一緒に見ていた娘が、いち早く目を留め、芝居の途中で「ほら、あれ見て」とささやいた。

　その初日の舞台がはねてから、唐組芝居の恒例でテントの中で宴会となる。ファミコン・ゲームのドラゴンクエストを下敷きにした『電子城』についてみんながこもごも感想を述べ、話がはずむ。とてもいい舞台だったので、誰もが興奮気味だ。話がちょっと途切れた隙に、私はおそるおそる唐さんに尋ねた。「ねえ、二幕のルイーダの店の場面にフクロウの小道具があったでしょ？　あれ、千秋楽が終わったらどうするの？」

「どうって、別に……」

「じゃあ、いただいてもいいかしら？　私、フクロウ

『電子城』（1989）　撮影・宮内勝

が大好きなので」

「？」という顔をしながらも、唐さんは大きな車座の遠くに坐っていた役者のHさんに呼びかけてくれる。「おおい、H、松岡さんが君の作ったフクロウが欲しいんだってさ、いいかい？」（そんなに大きな声で言わなくてもいいのに）

ツバはつけたものの、忘れられるといけないので楽日にも出かけ（もちろん芝居がよかったからでもある。その証拠に中日の舞台も見た）、打上げが終わってから手ずから抱えて帰ってきた。タクシーの運転手さんがぎょっとした面持ちで言ったものだ。「お客さん、それ、生きてるの？」――

細かく切った紙を重ね貼りした羽根、目玉は鈍く光るビー玉のフクロウは、太い針金製の鳥籠におさまって、今も私の書斎の天井から吊るされている。

唐さんの劇世界のひとかけらがここにある。いつもある。唐さんのきれいな歯の印象は決して薄れない。

（翻訳家）

＊エッセイ

唐十郎との出会いとその後

金守珍
Kim Sujin

二〇〇六年、唐十郎さんが新宿梁山泊のために戯曲『風のほこり』を書き下ろしてくださった。大学ノートに小さな字でびっしり書かれたこの作品は、唐さんの実の母親がモデルになっている。唐さんのお母さんは、劇作家を夢見て、戦前の浅草軽演劇の劇団に脚本を持ち込んでは断られていたそうだ。お母さんは片方の目が義眼で、子ども時代の唐さんは、義眼を抜いた後の洞穴をいつも怖いと思っていたという。

『風のほこり』を受け取ったのは、韓国のソウルだった。新宿梁山泊が唐さんの『風の又三郎』を上演している時で、娘の大鶴美仁音さんも一緒に観に来てくれたのだ。後で聞いたところによると、『風のほこり』を渡した後、唐さんは夜中にホテルの廊下で四時間近く倒れていたらしい。スズナリで『風のほこり』のゲネプロを見に来てくれた際も、帰りに下北沢のベンチに倒れ込み、ひとこと「母ちゃん、ごめん」と呟いたという。

唐十郎というと激烈な人のイメージを持つ人も多いと思うが、実はとても繊細で優しい面があり、少女のような感性も持っている。まさに多面体の人なのだ。唐さんにとって唯一の趣味が釣りで、私も釣りが好きだったことから状況劇場時代に何度かお供させていただいたが、私の分のお弁当まで作ってきてくださるので大変恐縮した。

唐さんの作品を初めて観たのは、蜷川幸雄さんのところで演劇を学んでいた一九七八年。池袋のビックリ

©唐組

ガード横地で上演された『ユニコーン物語』だった。雨が降る日だったが、テントの中の熱気が半端ではない。芝居の最後、舞台裏の幕が切って落とされ、李礼仙さんと根津甚八さんがパワーショベルに乗ってぐるぐる回されているのを見て、度肝を抜かれた。正直、内容はさっぱりわからなかったが、それまでの演劇の概念が見事なまでに壊された。その後、何作か観たものの、毎回わけがわからない。でも、わからないからこそ修業をしたいと思い、状況劇場の門を叩いた。

蜷川さんの元にいた時、唐さんにはゴーストライターがいるらしいと、まことしやかに囁かれていた。状況劇場に入ってから、稽古中に唐さんが「誰だッ、こんなものを書いたのは！」と台本を床に叩きつけたことがあったので、噂は本当かもしれないと思った。もしかしたら、唐さんのお兄さんである六本指の文《ふみ》ちゃんが書いているのかもしれない。文ちゃんは、ひとことも喋らない謎多き人だ。

ある時、山中湖にある通称「乞食城」に行く機会があった。唐さんは毎朝早く起きて、天守閣と称する小部屋に閉じこもる。私は掃除係だったが、天守閣に赤いバラの模様の壁紙が貼ってあるのが意外だった。唐さんはそこで、カレンダーの裏に小さな字でびっしり脚本を書いていた。掃除に入るたびに脚本の量が増えているが、そこに文ちゃんはいない。やはり本人が書いていたのかと、ようやく得心した。

新宿梁山泊を旗揚げしてから七年目に、唐さんの作品『少女都市からの呼び声』で文化庁芸術祭賞を受賞した。芝居を見に来てくれた唐さんはすごく喜んでくれたが、「なんで僕はこういうことを書いたんだろうねぇ」と、真剣な表情でいぶかしがった。唐さんは戯曲を書く時、キャラクターが下りてきて、イタコのような感じで台詞が出てくるらしい。書き終えて演出家・役者としての唐十郎になると、劇作家・唐十郎がなぜその脚本を書いたのかわからなくなる。そんな分裂気質の人だったように思う。

今年（二〇二四）六月、歌舞伎役者の中村勘九郎さん、豊川悦司さん、寺島しのぶさんを迎え、『おちょこの傘持つメリー・ポピンズ』を上演した。勘九郎さんの父・中村勘三郎さんは、青年時代に状況劇場の芝居を見て衝撃を受け、「こういうことがやりてぇんだ」と思ったそうだ。それが後に、平成中村座につながっていく。何十年も前の縁がやっとつながり、ようやく歌舞伎とアングラの融合が実現した。もし唐さんが観てくれたら、「金ちゃん、面白いねぇ」と言ってくれたに違いない。いや、きっとどこかで観ていたはずだ。唐さんは、今もずっと私のそばにいるのだから。

（劇団 新宿梁山泊代表・演出家・俳優）

＊エッセイ

変な名前

飴屋法水
Ameya Norimizu

その名前を初めて見たのはＮＨＫの大河ドラマだったと思う。唐十郎。変な名前、とその時思った。日本人じゃないみたい。じゃあ何人かってのもよくわからない。唐って中国のはずだけど、でも十郎がぜんぜん中国っぽくはない。李礼仙。李というからには韓国の人なのか？　根津甚八。なんだか戦国とか江戸時代みたいだけど、こちらは日本の人だろう。どれも芸名、つまり偽の名前と思ったけれど、芸名にしても変だと思った。

そんな名前がお茶の間の、しかもＮＨＫの番組の中に並んでいた。三人共変だったけど、とりわけ唐十郎が変だった。それは怪しい名前だった。

変な名前の三人が、同じ劇団の一味と知った。劇団と言っていいのかどうか、旅回りのような、サーカスのような、紅いテントで芝居をやっているという。

吸い込まれるようにして向かっていた池袋の空き地。これがテントか。近づいて見ると、なによりそれはビニールだった。テントはビニールの匂いがした。

夕暮れ時だった。始まる前にテントの脇の仮設トイレに入ったことを、およそ半世紀が経過した、今でもなんでか覚えている。着物姿の、これから始まる芝居の人と思しき女の人がトイレの脇に立っていた。そうか、この人たちもこのトイレを使うのか。そりゃそうか。夕焼けの空が暗くなり始めていた。トイレもテントも、芝居が終われば消え去って、明日にでもここは空き地になるのだろう。始まる前からそのような気配と共に、それはそこに、しかし確かに、実在していた。トイレに入って用を足した。

演目は『ユニコン物語』。ユニコンとは一角獣のことだろう。舞台では錆びた自転車に一本、金属のドリルみたいな角がついていた。客席上空には細い針金のようなものが渡してあり、そこをカツ丼のどんぶりがスルスルと滑って行くと、それはUFOと呼ばれていた。

病院の赤ちゃん取り替え事件がモチーフとなっていた。産婦人科の医者のような男が透明のビニールの中に赤い胎盤をたくさん入れて、体の両脇に袋のようにしてぶら下げていた。アリアドネという言葉を覚えている。そんな唄が歌われたかと思うと病院の看護婦（看護師ではなく白衣の看護婦以外の何物でもない、演じているのが男だろうが）たちが走り回り、テントの中に赤い糸を張り巡らせた。

休憩を挟みつつ、芝居は三幕あった。三幕というその幕も、布ではなくてビニール製なのではないか、そんなことを思っていた。三幕目の最後には、テントの背後から、黄色いパワーシャベルの先端が舞台に差し込まれ、テレビで見ていた、あの変な名前の根津甚八をすくい上げ、そのままテントの外に連れ去ると、空中でぐるぐると振り回していた。土砂が乗ってるべきところに、人間が乗っていた。何を見ているのかわからなかった。

その年の暮。紅テントが研究生募集という広告が、小さく新聞の片隅に載っていた。朝日新聞だったと思う。NHKのテレビから、新聞の夕刊の紙面から、あの変な名前たちは、そうやって時々現れた。

またも吸い込まれるようにして、「赤面恐怖症のお城」という作文を書いた。テントはビニールでできたお城で、お城は赤面恐怖症だったから、それでいつでも赤いのだ、そんなことを鉛筆の手書きで書いて、新聞に載っていた住所に送った。高校在学中だったので、入団させるかどうか議論になったが、まあ作文は面白いと思ったから補欠で試しに入れてみた、そんな話を稽古場に通いだしてから初めて聞いた。冬休みに上京していた。高校に行くのはやめていた。もう後には戻れなかった。

役者志望で入ったはずが、春の公演で座付き音響操作の安保由夫さんが役者として舞台に立つこととなり、本番でテレコを回す役が不在になった。気づくと入りたての子供みたいな自分が、いつのまにかテレコをガチャガチャと操作してた。それからというもの、稽古はいつも唐さんの横で、音を流しながらずーっと見てた。そして稽古が終われば明日ぶんの音の編集をした。

唐さんの音の使い方は、曲を流すというよりも、実はラップのトラックに非常に近い。気にいった何小節か、その部分だけをサンプリングする。部分がループ(反復)になりトラックになる。そこにラップならぬ、あの膨大なリリックを乗せていく。ただしサンプラーなどまだ無い時代。ひたすら部分の録音を繰り返し、テープの切り貼りでループを作っていく。その上、紅テントの音のきっかけは細かくて多い。台本見ながらではできないので、全員の台詞をすべて覚えて役者の呼吸に合わせていく。そんなふうにして過ごした五年間、それはとても濃密な、あっという間の時間だった。

一度だけ役をもらったことがある。自閉症児の役だった。赤面恐怖症などと書いたからか。役をもらったとたん、あれほど舞台に立ちたかったはずなのに、顔は出すのは違うと思った。そこで当時唐さんが飼っていた、セントバーナードのドッグフード、ビタワンの空袋を頭から被って舞台に出た。袋には犬の顔が書かれていた。被ると中は犬の餌の匂いがした。それは初めて見た『ユニコン物語』の、あの赤ちゃん取り替え事件への返答のつもりだったと思う。自分は犬と取り替えられなければならなかった。取り違いならぬ、勘違いだろうか？　その時だけ俳優だった。土砂が乗っているところには、人間が乗ってなければいけなかった。

今、一番好きだった唐さんの言葉を思い出してみる。

テントってほら風が吹くでしょう？　だから清潔だと思うんだよね。劇場みたいに芝居で汚れてたりしないじゃない？　そんな言葉を拾い集めてた。あらゆる局面が学びだった。それでも辞めた理由など、誰しも同じようなものだろう。ここからは先は、もう自分で作らなくては。そういうことだ。

離れて二十五年くらい経った頃、ようやく唐さんに再会をした。花園神社で芝居がはねて、お酒も入った唐さんが（ちなみに僕は酔ってない、朝までストレートでウイスキーを飲み続けても、唐さんと飲んで酔ったことがない）いきなりこう言った。

「お前と二人で手を繋いでさあ、橋の欄干から飛び降りたことがあったよなあ。三回くらい」

三回という数に笑ってしまった。ああ、この人はいつだってこうなのだ。

唐さん、そんなことは只の一度も無いですよ。

こんなこと、だけがある。

入団したての初めての旅公演。瀬戸内海かどこか、能古島だったか、フェリーで海を渡っていた。深夜、先輩たちはみんな寝ていた。一人で真っ暗な甲板に出た。十八歳になったばかりだった。若かったのだ。幼なかったのだ。いきなり本番の音響操作など任されて、旅公演は始まろうとしていた。いつの間にかここにいる。この先いったいどうなるんだろう。怖かった。フェリーの手すりにつかまって、暗い海をずっと見下ろしていた。真っ黒い水面を見ていると、すーっと飲み込まれてしまいたい、このまま夜の海の、あの渦の中に飛び込んでしまえたら、そんな誘惑に駆られていた。

その時、誰もいないはずの甲板の背後に気配を感じた。振り返ると唐さんだった。いつからそこに居たんだろう、黙ってじいっと、こちらを見てる唐さんが居た。

その人のことを僕は変な名前で呼んでいた。唐十郎。彼が自分で名乗ったのだ。あの夜から僕は、ずっと水面を見下ろしている。手を繋げてるかはわからない。

（演出家）

＊エッセイ

不明の正体

内藤裕敬
Naito Yukei

唐さんは、どこからやって来てたのだろう？　それがいつも謎だった。ある時は母の匂いがする森から、ある時は、父の後ろ姿を遠く離れた焼け跡から。そして、ある時など、とてつもなく下世話な現在から。

二〇代、本気で唐十郎に成ろうと思っていた俺は、『ジャガーの眼』の初演、大阪の宿舎で本人の前に座り酒を酌み交わすことになる。当時、俺を囲んでいたのは金守珍氏、六平直政氏、菅田俊氏、等々。強面が揃っていた。南河内万歳一座を旗揚げして五年目、二六歳だった俺は正直、生きた心地がしなかった。見知らぬ若造がヒョッコリ現われ並み居る編集者、劇評家、古くからの支援者、よくわからん文壇の誰か、哲学畑らしい論客風、加えてイカツイ劇団員を向こうに回し、座長の御前にドッカリあぐらをかいているのだから。「内藤君だっけ？　おい皆、彼が今、大阪若手ナンバー1だって」ニコやかに唐さんが紹介するもんだから身を小さくして笑うしかなかった。その夜、何を話したかなど覚えていない。ただ、優しく笑う唐十郎が目を細めながら目の前に居て一緒に飲んでいるのが不思議だった。

そこから唐さんは、妙に俺を面白がってくれた。可愛がってくれた。同じ様に唐さんを慕う若手達からやっかまれたこともある。毎回公演を観に来てくれては飲み、紅テントへ行っては飲み、稽古場に招かれては飲み。「内藤君」が「内ちゃん」となる。俺と内ちゃんは師匠と弟子でも先輩後輩でもない。ダチ公だよな。とテントの外へ引っ張って行かれ、連れションをした。小便の軌道を交差させXを作ると「ダチ公の証だ」と子供っぽく笑っていた。だからといって俺は有頂天になれなかった。状況劇場の一員でもなければ、古く長い付き合いでもない。見知らぬ若造が調子に乗るまいと思っていた。宴会では、いつも横に座るように言われ、劇団員もそれに慣れた頃、血の気の多い俳優ともめ、「やるのか！」と立ち上がった金さんを皆が止めに入ったが、一瞬のスキを突いて放った彼のパンチは速くて見えなかった。この人と一戦交えるのは絶対避けねばならぬと思った。六平さんは常時穏やかだったが、あの冷蔵庫に等しいガタイは脅威でしかなかった。菅田さんはキックボクサーだったと噂に聞き、あの膝を貰うようなことにならぬよう襟元を正した。何より、閃光の如き烈火の憤怒で唐さんが豹変すると時間は凍りつき、二度と後戻りできない氷河の言葉達に監禁された俺達が、身動きできぬ夜を明かしたのも二度や三度ではない。けれど、今思い出しても俺が唐さんに怒鳴られた記憶は何一つ無い。

やがて状況劇場は解散を迎え、下町唐座を経由して「唐組」が誕生した。その頃には、現在の久保井研、稲荷卓央などの兄貴分となっていて、彼等がそう思っていたかどうかはわからぬが、唐さんは、俺をそのように扱った。一からの劇団立ち上げと若手ばかりの組織作りには、唐さんも悶々としていた。焼き鳥屋に呼び出され何時間も二人で話した。旅公演にも出演させてもらって夜の海を二人で歩き、拾って帰ったアサリで朝飯に色を添えたが、一緒に持ち帰った紫色の海藻は、初日直前の若者達に下痢と嘔吐の洗礼を浴びせた。唐さんだけ元気だった。

あれから二十数年。唐さんは体を悪くされたが元気を取り戻すも、その頭と体、指先から新作の発表が遠去ってしまった。兄貴分としては、できることは何でもするからな！　久保井君と稲荷君には、いつもそう言いながら何もできやしなかった、この二十数年。稲荷君と（藤井）ユキちゃんがやって来て客演を口にした。急な話だったが何故かやり繰りは進み出演が叶った。大阪、岡山を回り花園で久し振りに唐さんに会える。その前夜、唐さんは逝っちまった。

何故だろう？　唐さんが消えてしまった。どこへ行ってしまったのか、そんな思いに至らない。前にもまして、唐十郎とは一体、どこから、どのように現われ、高校二年だった俺から紅テントの芝居で夢を持ち去り、現実を幻想世界で丸飲みしてクネル蛇と化し、俺の背中を押し挑発し続けた。夜空を見ながら何度も連れションをした時間を思い出せば、正体不明の怪傑との日々が秘宝となって蘇るのだ。

（南河内万歳一座・座長）

*エッセイ

父から受け継ぐもの

Otsuru Minion　大鶴美仁音

私が初めて紅テントへ観劇しに行ったのは五歳の頃だろう。夜の草原の中にポツンと佇む紅怪物のようなテント。見えない大きな手がおいでおいでをしているようだった。母に連れられ吸い込まれるように中に入ると古臭い畳の匂い。ひしめき合う大人の後頭部。見つめる先はおそらく病室のセット。その空間に不思議と居心地の良さを感じた。一番目を引いたのは舞台上に立つ一体の人体模型。幼稚園児の私はそれだけが怖かった。母に「あれはいったい何?」と尋ねるとニヤリと笑うだけ。いよいよ芝居が始まる。

いつも遊んでくれる劇団員のお兄さんお姉さん達が全くの別人になっていた。芝居も熱を帯び中盤だろうか可憐なヒロインが椅子に縛られ、悪党がヤカンから熱湯をかけようとしたその時、それまでピクリとも動かなかったあの人体模型の腕がニュルリと伸びた。悪事を阻止したのだ。びっくり仰天した次の瞬間、模型の顔の表面がカンカラリンと下に落ちている。そして私がそのお面から目を離し模型の顔を見やるとそこには、お化粧をした不敵な笑みを浮かべるお父さんの貌があった。音楽がかかり、客席からは割れんばかりの拍手と「唐っ!!」と言う掛け声の嵐。五歳ながら血が騒ぐ。それが唐十郎という怪人との出会いだった。

少女から大人になり私は今、俳優として紅テントの舞台に立っている。必然的にそうなると思われるかもしれないが、そんなことはない。女優がとても厳しいことを知っているせいか、父がこの道を勧めたことは一度もなかった。きっかけは十七歳、偶然深夜二時に放送された状況劇場の『ジャガーの眼』を目撃したことから始まる。その舞台は、心のどこかでずっと探していた、見たくてしょうがなかったヒーロー達に会えた気にさせた。何かが百八十度動いた。翌日、意を決して、学校に行く前に父に「私もやってみたいです」と話してみると「そうか……」と穏やかそうな複雑そうな、遠い目をした。それから「やってみようか」と目をキラッと輝かせた。

いよいよ初稽古、口から心臓が飛び出しそうになったのを覚えている。演技未経験の私はただひたすら役と言葉を信じ、それを刃の様にして相手に放つことをしていた。作・演出=唐十郎は雷神・ゼウスのように君臨し、じっとこちらを見据える。出来ない時は、相手役の稲荷さんに、「教えてやって」と厳しく突き放された。私が演じた役は、死んだ犬の心臓を自分の心臓と取り替えて生かそうとする少年の役。この役に出会えなければ、どんな人生を送っていたことか。というのは、思春期、酷く内気だった。人前で話すことが出来ず自己表現の仕方に遭難していた。だから演じてみたい役に出会えたこと、物凄い数のお客さんの前で台詞を喋る体験は、自分を別人に変えた気がする。本番の舞台では役者とお客さんの熱気のぶつかり合いが何かとんでもないものを生むのではないかという錯覚を引き起こした。舞台上に立つことは私に仕掛ける側の面白さを思い知らし、病みつきにさせ、紅テントの劇世界の余韻から抜けられなくなった。

暫くして正式に劇団員になり、六年が経つ。テントを持つ集団の面白さと過酷さをまざまざと実感している。そして、座長がこの世から姿を変えて船出をしていった。その後、現場で見た紅テントはとても淋しそうな表情をしていた。だから私は、「これからもお客さんをいっぱい入れるよ。貴方に似合う役者として舞台に立ち続けるよ」と主人を無くしたテントに誓った。唐十郎が我々にくれた感動を、今度は自分達がこれからの世の中に発信していく番だ。

（劇団唐組・女優）

＊エッセイ

一世一代の水中花

唐十郎と予見

新井高子

Arai Takako

ふり返れば、唐十郎が役者として最後に大輪の花を飾ったのは、二〇一一年唐組春公演『ひやりん児《こ》』（四－六月、大阪・東京）の「水島朱貝《みずしましゅがい》」役ではないだろうか。同じ年の秋公演『西陽荘《にしびそう》』、転倒事故のため途中休演した『海星《ひとで》』（二〇一二年春）にももちろん出演したが、準主役と言っていい役どころを担い、水槽に飛び込んで、水のレンズ越しに妖しく笑う十八番をなし遂げた最後の作品であった。

すでに七十歳を越え、劇中の水潜りにドクター・ストップがかかっていたと聞くが、その公演を控えた冬、稽古場の飲み会に加わると、「誰が『水島』を演《や》るんだ！」と酔っ払った唐は気炎を上げていた。命がけで光耀を咲かせた唐十郎の一世一代の水中花が、この舞台なのである。

言うまでもなく、その年の三月一一日に東日本大震災が起こった。水戸芸術館での公演がその被災のため取り止めになり、急遽、唐の母校、明治大学での「お見舞い公演」にさし変わった経緯は樋口良澄の著作に詳しいが[1]、唐演劇と社会状況の関わりを考える上でも『ひやりん児』は示唆に富んでいる。

唐は二〇一〇年のうちに、つまり、震災のしばらく前にこの新作を書き上げていた。が、稲荷卓央扮する豆腐屋「尾加良《おから》」を主人公にした本作を、大地震と絡めてうけ取らない観客があのときのテントにいただろうか。

「こんなふうにトーフをふるわせ、自分も震えて。（中略）でも、じいっとしていても震えたがる、その、そんな一丁がある。それはどうして？」。

このような尾加良のせりふを聞きながら、舞台上の小さな白い直方体の振動に気付き、「地震だ！」と指差す客もあった。実際、余震が続く中での公演だった。だが、芝居の声に念入りに耳をそばだてるなら、じつはそれは恋する豆腐。なし遂げられなかった愛の契りを胸に宿したまま、あの世へ旅立った老芸妓「豆月」の化身として、その柔らかい物体はある。つまり震えは、かつての恋人に逢いたいがゆえの身悶えなのだが、さらに、豆月の血が結晶化した紅玉「ルビー」を巡っては、こんなせりふも放たれるのだ。「これは、あの聖なる〈ダビデ〉が愛した……ルビジウム・ストロンチュウムだ」。

いま冷静に戯曲を読むと、[2] 唐はこのルビーの価値を誇大に言いつのろうとして、ルビジウムという気どった元素名を思い付き、その繋がりで「ストロンチウム」が芋ヅル式に引き出されたのが察される。[3] つまり、その同位体が放射性物質であることを伝えたかったのではない。だが、あの時期、ストロンチウムという語を聞いて、福島第一原子力発電所の事故を想起しない者があっただろうか。連日、放射能汚染が報じられる中で、多くの者にとって聞き慣れなかったこの語が、メディアと巷にさかんに飛び交うようになった。劇中、錆びて傷んだ船のスクリューが「一号機」「二号機」と呼ばれることも、原発に絡んだ比喩に思えてならなかったのが、二〇一一年のわたしたちだった。

唐戯曲、特に二〇一〇年前後の晩期のそれは、ことばの茂みが削ぎ落とされて、まるで詩のように行間が広い。『夕坂童子』（二〇〇八年春）などは、そこにたっぷりした情感が揺蕩った逸品だった。つまり、これは誤解ではないだろう。非常時の乱暴な想像力であったにせよ、震災を経験した切実さが、芝居の余白を果敢に埋めたのである。[4]

劇中、じぶんを称して「豆腐の人生に似た漂流体です」と主人公が呟く印象的な場面があるが、『ひやりん児』は、まるで海の渦に翻弄されて水槽の豆腐のように漂流し、もろく崩れながらも意地を通す人間群像劇という側面もたしかにもち、物語の底にある老女の恋よりずっと際立って見えたのが、津波直後、その水死者が痛ましく重なっていく日々の中での感性であった。あの時期にしかあり得ない、客と役者の思い入れ

『冷やりん児』左は唐組の藤井由紀　撮影・首藤幹夫

による「震災劇」が成り立っていたことを、唐戯曲の多面性、純粋な虚構空間であればこその包容力と評してもいいと思う。

では、唐十郎のペン先はそこにどう働いたのか。予言の意識も意図もないまま、それに近しいものがいつのまにか書けてしまっていたというのがふさわしい。[5]唐にとっても、ストロンチウムなどという語を戯曲に記したのは、おそらく初めてだったろう。巖谷國士は天性のシュルレアリストととらえるが、[6]オートマティスムと集合性によって導かれた面があろう。

鮮烈な形而上空間と愉快でうらぶれた町かどを繋ぐ複雑怪奇な劇作家であるのはもちろん、計りしれない予見性をあっけらかんとさし出してしまうこの営為も、鬼才たるゆえんに違いない。鈴木忠志はかつて「おさな心の発露」と評したが、まるで前近代の童謡《わざうた》のように、唐がもつふしぎな無邪気さ、野生児性が、いつのまにか兆しをオートマティックに表してしまったのではないだろうか。

さらに第二次世界大戦中、幼い彼の疎開先が、原発事故で深刻な打撃を被った海辺の町、双葉郡富岡町であったことを思えば、ここにはもしや深い根もあるのかもしれない。[7]

いや、そもそも唐組時代の戯曲では、巷に玩弄されるからこそ、異様なエネルギーを燃焼させる底流の商人や職人たちを、唐は描き続けてきた。[8]世のほうが俄かに、露わに近付いた面もある。当時の新聞に、汚染のため双葉郡から引き剝がされた左官屋が、帰りたい、塗り残したままの壁が俺を待っているんだと訴える記事が載っていたが[9]、その気骨と執着は唐の追求と直結する。

そうして終幕近く、「尾加良、（水中の剣を）俺に取らせてくれ」と叫び、唐十郎の「水島」は飛び込んだ。芝居と状況、その両方が絡み合い、もうもうと立ち上がる妄念と混迷を一身に背負い込んで、舞台上の海中へ飛び込んだ。それから、魚の骨に絡まった糸こんにゃくを剣で切るという奇怪な振舞いをしながら、豆腐のとなりにゆらゆらと漂って、妖幻なる笑みを浮かべた。

それは永遠の不敵であった。水底からわたしたちを支え続け、地底で笑い続ける乞食王の、晃々たる顔であった。それから十三年後、唐十郎の遺影として瞳にまた焼き直される。

〽あの海
この町
濁りの最中《さなか》を
ピカリ
ピカリと
灯りを投げる[10]

（水島の劇中歌）

注

1　樋口良澄『唐十郎論――逆襲する言葉と身体』（未知谷、二〇一二年）。

2　本作の戯曲は未刊行のため、上演台本を唐組から拝借した。

3　地質の年代測定法として、この二つが一語になった「ルビジウム・ストロンチウム法」ということばがある。唐はどこかでこれを知り、語呂の良さとともに記憶したのだろう。

4　震災後に書いた次作『西陽荘』では、観客のこの想像力を唐は逆手にとり、作意として、地震と原発事故を想起させる語をちりばめつつ、じつはそれ自体を描いてはいない幻想劇をしたためた。

5　明治大学公演では、樋口良澄の司会でアフタートークも行われ、パネラーの中沢新一や坪内祐三が、驚嘆しつつその予言性を唐に指摘していた。

なお、水戸芸術館からの会場変更を発表する文章の中で、唐十郎は次のように書いている。「巡業のヴィジョンを造っている間に、外（東日本）で起こった大龍巻。そこには仙台、水戸もあり、私ごとの疎開地、福島県富岡町の思い出もあった。（中略）「ヒヤリンコ」は豆腐を売る男の話です。そしてそのオトーフは、水槽の中でゆれる漂流体です。（中略）その気配りは強く、東日本での大渦巻にさまよう人々の差しのべる手をも待っています」。文章には四月一一日の日付があるが、公演前のその時点で、唐自身も、富岡町をはじめとする被災地に思いを馳せつつ、この内容が震災と関わりながら存在していくだろうことを予期していた節がうかがえる。

6　詩誌『ミて』一六七、一六八号（ミて・プレス、二〇二四年）の唐十郎追悼特集に、唐とシュルレアリスムについて巖谷國士が詳しく述べた語りが収録されている。

7　唐十郎の自伝的談話集『水の廊下』（エー・ジー出版、一九九五年）には、疎開から東京へ帰ったとき、下町育ちの母がじぶんの福島弁を嘆いたというくだりがある。しばらくすると田舎のことは忘れてしまったとも語られているが、唐のことばの深層に東北の響きが眠っていることは興味深い。なお、同書では、富岡町での水泳体験も述べられている。それは四、五歳の時分だったことを鑑みれば、彼の思い出にとって最初の海はそこだったのかもしれない。

8　新井高子『唐十郎のせりふ――二〇〇〇年代戯曲をひらく』（幻戯書房、二〇二一年）。

9　『朝日新聞』（二〇一一年五月一五日付）掲載、高橋政夫氏の談話より。

10　水島のしごとは灯台守。戯曲の設定はあくまで湘南だが、富岡町には「小良《おら》ヶ浜灯台」（初点灯・一九五五年）があって、震災後二年間、送電が復旧されず、灯りが失われた。二〇二四年九月現在も、帰還困難区域の中にある。

（詩人）

＊読解

唐十郎　女性がすべてハムレット

渡辺えり
Watanabe Eri

上野のジャズ喫茶「イトウ」のコーヒー・カップ二脚とマッチ箱をいつも食器棚に飾っている。惜しまれつつ閉店した際、雑誌「銀座散歩」の編集の方にいただいたのだが、それは取材のおりに私が熱心にイトウでの思い出を語ったためだった。紅テントとジャズ喫茶と若き熱情をいつも手元に置いて、今もイトウのコーヒー・カップで演劇愛をすることが出来るのだ。

「状況劇場」のテントが上野の不忍池に建つとお昼の一二時から並んで整理券を求め、ジャズ喫茶イトウで好きなモダン・ジャズのリクエストをして本を読み戯曲を書き、開場の六時まで過ごす。舞台芸術学院の生徒だった私は、主演の李礼仙が舞台芸術学院の卒業生だということも聞いていた。卒業文集の編集長をしていたので李さんにインタビューしようと昼にテントを訪ねたこともあったが、「私は喋るのが苦手だからインテリ俳優を紹介する」とおっしゃって、代わりに大久保鷹さんからお話を聞いて文集に掲載させていただいたこともあった。その数年後に大久保鷹さんが経営する新宿のお店に「青春を返せ」と酔って怒鳴りこむことになるとは、その時は想像もしていなかった。

『唐版　風の又三郎』を観た時、私は整理券の二番で、その時の一番は後につかこうへいの劇団で主演を務めることになる根岸季衣さんだったと、後に根岸さんから聞いた。テントですれ違ったというのである。共に一九歳の時である。

今イトウでリクエストしたジョン・コルトレーンの

『マイ・フェバリット・シングズ』を聴きながらイトウのコーヒー・カップでコーヒーをすっている。一八歳で山形から上京してから、アルバイトの合間に演劇雑誌とアンドレ・ブルトンやサルトル（唐さんの影響で）などを古本屋で買ってはジャズ喫茶で読むのが日課だった。舞台芸術学院の同期たちとジャズ喫茶に行っても、誰もが無言で演劇雑誌や戯曲を読んでいた。

学校が池袋だったので、池袋の五つのジャズ喫茶は演劇人のたまり場だったし、私も新作を書くときは夏にオーバー・コートを着こんでスピーカーの前に座って書きあげた。朝の十時から夜の十時までコーヒー一杯で粘っても許された時代。クーラーもない共同炊事共同トイレの時代にはジャズ喫茶はオアシスだった。池袋のそんなジャズ喫茶がどんどん潰れても、上野のイトウだけは状況劇場の紅テントとともに存在していた。

そんなイトウがいよいよなくなると聞いた時の喪失感は、アルバイトを三つ掛け持ちして芝居を作ろうとし、唐十郎作品に胸躍らせた時間の喪失と重なる気がしてのことだったかもしれない。

けれど、今こうして唐十郎という、大きな針のない時計のような、海のようなつかみどころのないのに存在のたしかな大先輩が亡くなっても、自分が生きていて、唐さんの作品を再読しながら原稿を書いているという現実ときちんと向き合えているし、本のページを開くと唐さんが喋り、唐作品を今上演している若手の芝居に触れるたびに唐さんが踊るのだから、喪失したものなど何もないのだということが判ってくる。それどころか、唐十郎という、多くの記憶と思い出で膨れ上がったリアルな存在が私を強く押してくる。

先日中村勘九郎さんが『おちょこの傘持つメリー・ポピンズ』の稽古をしている最中に「えりさんが絶対に怒る台詞があるよ。これはとってもえりさんの前では言いにくいよ」と大笑いしながら言うのだ。私が歌舞伎の古典など男社会の中で女性は、あまり活躍もしないまま無慈悲に殺されるようなシーンが多いことにいつもショックを覚えていて、昔、私が川口松太郎の『鶴八鶴次郎』を観た後に「こんな女性蔑視の演劇は許せない」と故勘三郎さんに楽屋で意見しているのを聴いていたために半分冗談で言ったのだ。「女は人間だと思うか?」という台詞で始まる唐さんの台詞だ。私が観に来たら絶対に怒るというのである。

しかし、唐さんの台詞には昔から女性蔑視を感じない。勘九郎さんが心配した台詞も全く腹が立たないのだ。「えええ? どうして?」と聞く勘九郎・七之助兄弟に答えようとして、どうしてなんだろう? と考えてみた。

今は昔よりだいぶ男女平等の社会になった。演劇界も照明、音響、は女性たちが多くなってきているし、昔では考えられない舞台監督、製作スタッフも女性が目立ってきた。

私が演劇を始めた当初は劇団の座長はすべて男性、作家演出家もほとんど男性。演出部で入団した劇団にもスタッフに女性は私しかおらず、徹夜続きでの道具創りでも手加減なく、「だから女は……」とか「女のくせに……」とか散々な目にあいながら芝居を続けてきたという歴史があった。二十代で、戯曲賞の審査を務めるのもいつも女は私一人。若手の新作戯曲の中に女性蔑視の感覚に支配された台詞があると、その点に気が付かない男性に常に解説、説明して来た。それは男社会の中でまだまだ生きづらい状況にあるという歴史があったのだった。

女性の活躍を後押しして既成概念を打破するための行動であり、わざと過激なことを言って注目されなくてはいけないという気負いもあった。

「女性が活躍してくれるから。女性が自分の頭で自分の感性で台詞を喋ってくれるから。しかも饒舌に」。

唐さんの作品では女性の役がすべて自立していて自分の脳みそで喋る。シェークスピアで例えれば、オフィーリアは出てこない。みんなハムレットなのだ。女性がすべてハムレット。

シェークスピアの作品の中で例えるのが一般の演劇ファンには分かりやすいであろう。

舞台俳優や劇作家の中でも歌舞伎や能や狂言に触れずに生きて来た若手は多く、例えるのがイギリス人の作家というのも悔しいが、自分が俳優として演じたいと思うのは、『ハムレット』や『リチャード三世』、『ベニスの商人』『リア王』などなど、自分の思っていることを言葉として話し、しかも狂気を帯びている状態だという設定。これらの言葉を発するという状況そのものがなかなか日本の女性には許されない状態が長く続いた。マクベス夫人もオフィーリアも狂って死ぬが、マクベス夫人などは名前さえもないではないか。オフィーリアも我慢して死ぬだけ。活躍するのは男性俳優なのだ。それは当時の社会が全世界的に男尊女卑が当たり前の世の中だったからであろう。女性が公的な場所でズボンを履くのを許されたのが戦後になってからという現実もあるほどだ。昔の画家や作曲家に女性がほとんどいないのも、女性には家事育児しか許されなかった時代の長いことを証明している。

ところが唐十郎の戯曲は女性がみんなハムレットなのだ。みんな程よく狂ってくれていて、詩のような美しい台詞も鶴屋南北のようなメタファーの詰まった語呂の良い粋な台詞も女性に語らせてくれるのだ。生き生きと生々しくそこに存在して、テンションが高いままに喋ってくれるので男女の境がなく差別もない。男女が同等なのである。

状況劇場、下町唐座、唐組と、長い間唐戯曲、唐さんの作る芝居の客席にいて、いつも観終わった後の爽快な気分はそこにあるのではないか？　とこの頃思う。

体全体を振るわせて台詞を発し、真っ赤な顔をして血管を浮き出させる役者たちに男女差はない。生き物がいるだけだ。男に媚びを売るためにすました表現をする女という既成概念がない。みんなただ生きている人間。それだけだ。飾りのパロディーはあっても、真の部分は血の通った生き物の激しいロマンとエロチシズム。見えないもののために命を費やそうとする想念の具体がそこにあるのみ。

私が唐作品が好きなのは、女が人間として自立して性差を感じさせない存在でいるからなんだと、つくづく思った。

唐さんは自身の文章の中で五八歳の時に縁側で死んだと書いた、本当は八十過ぎまで生きたお母さんのお喋りを愛していて、その話が作劇に影響を与えたと語っている（『別冊新評・唐十郎の世界』一九七四年）。体が弱く幼児期に失語症だったと言われる唐さんを励まし可愛がりながらユーモアのある語り口で話し続けた母親に対する絶対的な信頼感があったのだと推測する。『唐版　風の又三郎』の中に出てくる東北の天明の大飢饉の中での人食いのエピソードも、福島出身の母親がリアリティーを持って話したのに違いない。その年豊作だった西日本からの援助を禁じた当時の国の政策も作品の時代背景と重なり、その連鎖を思い怒りに満ちた言葉となったと推測する。そしてその爆発した反権力に向かう狂気の台詞を女性に喋らせてくれるのである。風の又三郎が女だという小気味よさ。惚れた高田三郎の心臓すれすれの一ポンドの肉を食べる女。

権力の倉庫から盗んだ飛行機に乗り、まだ二時間しか飛行したことのない整備飛行士兵が風に乗る。五時間飛行分のガソリンしか入っていない飛行機。いまだ風に乗り続け行方不明の飛行機の機体はその後鹿児島沖から見つかり、右翼には高田三郎の一ポンドの肉がぶら下がっていた。この肉に女又三郎がむさぼりつく。様々な実際の人肉事件の中で肉を喰らうのはほとんど男性で、女性は鬼子母神と『唐版　風の又三郎』だけではないか？　と記憶する。

一九七三年。唐さんはシリア・レバノンのパレスチナ難民キャンプで『風の又三郎』を上演した時、高田三郎の飛行機は地中海で墜落したことに書き換え「シオニストをぶち殺せ！」という台詞をアラビア語で発し、ラストにはガザ地区の少年兵士たちの銃撃音で幕を下ろしたと扇田昭彦の文章で知った。

サン＝テグジュペリがドイツ軍に撃ち落されたのも地中海である。『風の又三郎』で片翼のまま帰還した日本軍の英雄樫村大尉と高田三郎、そしてサン＝テグジュペリのエピソードが時代と国を超えて私の中で交錯する。大いなる反戦の感覚。そして性差別のない格差を超えた理想の芸術の表現を唐さんの世界に覚えるのだ。

先日佐野史郎さんと話した時に「唐さんは反戦の芝居だというと怒ると思うよ」と語っていた。そして劇作品について「分かられたら困る。これでは分かられてしまうね」と良く語っていたとも。意図を超えた世界。詳細を解説することのできない芝居。シュルレアリスムの根本の自動筆記のような感覚の芝居創りは、当時の演劇人の作る作品の前で暗黙のうちに認められていたはずである。

唐さんも様々な戯曲の中で意図を超えた世界のこと自体を語ってきたはずである。佐野さんが言ったことの心裏も分かる。が、今、唐さんが怒ったとしても私は書きたい。やはり、『唐版　風の又三郎』は唐十郎の体験を通した反戦の芝居だと私には思える。それは性差を超えて女性が活躍することとも共通なのだ。心臓ぎりぎりの見えない肉を食べ飲み込むことが必要なのだ。戦争という残虐な現実の中で「あこがれ」というう見えないものに命がけで挑み、風に乗り風を起こして消えることは「死」という現実とは乖離している。風に乗った状態を続けるような状態が演劇であるが、その肉体の死という現実を飲み込む必要があると唐さんは言いたいのではないか？『少女仮面』に出てくる体内回帰で孕まされる人形のように、妄想と幻想、そして夢想の中で生み出される確かな芸術、それは演劇に他ならない。幻想夢想妄想を演じるのが生身の役者に他ならないからである。

唐さんは演劇は文学ではないと言っていた

「戯曲の中にある作家の劇的な精神が役者を動かすのではない。劇的な役者の精神が戯曲を呼び起こすのだ。あらゆる芸術の中で初めにあって、必ず終わりにも残る大範疇の芸術こそ演劇である」「今大事変が起こって君のペンがなくなっても、君のカメラが失われても、君がまだ生きているなら肉体が残っているだろう。その時、ただ一本の火さえあれば始まるのは演劇なのだ」「メスを研ぐだけで切るべきものがないのは退屈だと言ったのは確かロッチェだ。アントナン・アルトーならば、そのメスで空間と時間を切り裂き、そこから血をしたたらせてみせると吐かすことだろう。が所詮彼に切れるのは、劇場のカーテンか自分のベルトだけだろう」と唐さんは書いている。そして、日本の新劇のこっけいな歴史より、肛門ガンで臆病者のアルトーが残した失敗の方を愛しているとも書いている。日本の新劇は自我をおだやかに忘れることによって始まった。唐自身は健忘症より偏執性に関心があると書き、「役者体とは、ひよわな演出家や演劇学者の当てにならぬ脳みそではなく、常にさらされ、瞬間毎に死んでいく、劇を作る実体だ。役者ほど、芸術の相対性を語っているものはない。それは『みられる』という時間内においてのみ、復讐を孕む存在だ。だからこそ役者は空間に狙いをつける」「ジャン・ジュネ風の怨懟とアルチュール・クラバン風のごとき諧謔性と浅草ストリップの卑猥さを持ってアルトーの墓穴から抜け出してくるだろう」「果たしてその時、演劇はどのような冒険と失敗をするだろう」と語る（『特権的肉体論』など）。

李礼仙という役者を得たためもあるだろうが、あの肉を食べるシーンには様々な内的仕掛けを含んでいたことが唐さんの文章を読んでも分かってくる。メスも肉も役者の肉体を介在することですべて現実になってくるのである。そしてその肉体は女でなくてはならない。

女は国家であると唐さんは書いた。ガラスのヴァギナにオテナの塔を突き刺すと粉々に崩れるのか？　その透明さに飲み込まれるのか？　大きな宇宙の子宮の中を泳ぐに過ぎない人生のことを言っているのか？

状況劇場（シチュエーションの会）の旗揚げ公演に選ばれたサルトルの『恭しき娼婦』のリッジーはアメリカ南部の娼婦で、思わず知らず多数の不誠実な論理に飲み込まれてしまうが、その彼女の肉体に溺れた男の肉欲と理性の間で葛藤する自分の本能と正義感の間で苦悩する心情をはっきりと口に出して口論する女性である。その頃の日本人の女性の美徳と言われていた姿とは真逆に近い活発でお喋りな女性であって、その存在感は凄まじいものがある。一九六八年にサルトルとボーヴォワールは来日して様々な講演会を開いたそうだが、男女のジェンダー論などにも唐さんは敏感であっただろうし、リッジーが女性の理想の一つの型になったのではないか？　と思われる。

私が一六歳の時に山形で観劇して号泣し今だに影響を受け続けているテネシー・ウィリアムズの『ガラスの動物園』のローラに関して、唐さんはエッセー「テネシー・ウィリアムズを思うたび」（『昼下がりの主役』

二〇〇七年）の後半でこう書いている。「恐らく、一九三〇年代の都会のバーバリズムに対するコントラストとしてこの透明な処女は現れたのであろう。そして、この脆弱な処女を作者はこよなくも愛していよう。しかし処女の寡黙も時間の持続の中で、売女と化すかもしれない。利口なことに、遁走の主人公はその前に『おさらば』を告げる。ある街角で、彼は、ローラの化身したリッジーに会うかもしれない。性格を本質とせず、性格を選ぶというドラマに於て、遁走のチョンガーは女の変貌の速度に、その足をすくわれるかも知れない。負性だった鏡は業火に焙られて、ローラの顔をリッジーに変え、寡黙を毒舌に、善を悪にゆずり渡すかもしれない。すると、少女の形相は不在証明とならず、常に変貌する存在の登記証となる。吹き消すべきローソクの炎の向こうにあるのはガラスの動物園ではなく、ガン細胞のようにいりくんだ都市となる。

テネシー・ウィリアムズを思う度、ローラを演じた女を思う度、劇場という暗箱を見る度に、一度で終り、一度で汚れ、一度で全てになってしまった暗いきつね火を私は考える。」

私は山形県山形市で生まれ育ち、演劇をやりに上京してきたのは高校を卒業した一八歳だった。それまでは親がとっていた朝日新聞の扇田昭彦さんの劇評が唐十郎の世界だった。ネットもアマゾンもないあの頃は本屋で演劇雑誌や戯曲を買うしかなかったが、寺山修司、別役実や清水邦夫の戯曲は売っていたのに、なぜか唐十郎の本は置いていなかったのだ。扇田昭彦の劇評で想像を巡らせて、頭をパンパンにさせながら観た紅テントの舞台は演劇という概念を超えていた。寺山修司は同じ東北の生まれなので「僕は今まで海というものを見たことがありませんでした」という脳内の冬の海に人魚を探すような感覚は理解できていたと思う。映画の中の諸外国のイメージのコラージュで書き進めるような残酷なおとぎ話の雰囲気と東北地方の抗いようのない血の連鎖が底辺に流れている。しかし、唐十郎は逆巻く波がしらに実在の人間を立たせて、虚構のものなどないのだと言わんばかりにロマンをぶち壊して目を覚まさせた後に、これは妄想だよ。と人魚姫の出来立ての足の爪先に苦言を呈しているようなところがある。

『毛皮のマリー』と『下谷万年町』の違いといえば分かってもらえるかもしれない。

ヨーロッパの映画のシーンから抜け出てきたようなトランス・ジェンダーの母親と船乗りと少年の関係と、『下谷万年町』での文ちゃんとおかまたちとの猥雑な関係と、ヒロポン中毒のスターに憧れる女の現実の関係。東北人と首都に住む作家の違いなのかと思ったこともあった。

このことを書くと長くなるので今回は唐作品の中の女性という部分に絞って書こうと思う。

私が二五歳の時に書いた『夜の影』という戯曲があり、「新劇」という演劇雑誌に掲載された。劇団を二三歳で旗上げて二年後の作品で自分の弟をモデルにして、作中の死んだ姉を弟が想念の中で生かして死んだ姉が主人公の物語で舞台を進ませ、ラスト近くで、死者と生者が逆転するといったストーリー。死者が夢を見てフロイトやユングの夢占いに興じたりするのだが、クールベの『画家のアトリエ』が舞台の中心となってい て、クールベがリアリズムの絵画を書くにあたって苦悩するストーリーと日本の一般家庭のストーリーが交錯する構成になっている。押し入れと井戸の底のモチーフはその頃から使っていた。その戯曲を読んだ唐さんが岸田戯曲賞の候補作と勘違いして、その年の審査会で『夜の影』が面白かったと言って下さったと編集委員の方にお聞きした。そしてその時に私の人生が変わったと言っても良いと思う。当時の審査員の劇作家全員がそのことで注目して下さり『夜の影』を読んだ。このことがきっかけになって、翌年の『げげげのげ 逢魔が時に揺れるブランコ』の受賞に繋がったのだった。

池袋のシアターグリーンの客席に唐さんがいて非常に緊張したのを記憶しているが、その舞台を観て下さった上で賞に押して下さったのだとお聞きした。

そして唐さんがお書きになった『少女都市からの呼び声』にガラスのヴァギナを持つ生まれなかった双子の記憶は私の書いた『げげげのげ』の主人公のマキオ

が実は双子のもう一人の一葉の作り出した幻想で、本当は双子のマキオがうまれなかった一人の方だったという内容を大きく展開して、東北のオテナの塔へと導いたのだった。

唐さんは後輩の演劇を観ても話を聞いても自分自身の世界へと引っ張り込んで別の世界を屹立させる癖がある。そしてみんなそんな唐さんの癖をまた愛しているのである。

『佐川君への手紙』のファウストへ、メフィストへも、私が父の文庫本『若きウェルテルの悩み』の中に挟んであった葉書の話をしたのがきっかけだった。台風の夜にその葉書がきっかけで夫婦喧嘩をしている両親を停電の中弟と布団をかぶって聞いていた話をした。「ホームで待っていたけれど渡辺先生はとうとう来てくれませんでしたね？　ファウストへ　メフィストより」と書いていたハガキの話をしたのだった。父は教員をしていたので転勤になる同僚の女の先生から届いた葉書だった。

女性の活躍の場が限られ、評価を受けにくい時代に、唐さんが私の作品を押して下さった。これは当時大きいことだったと思う。唐さんは男女は関係なく評価して下さったのだと思うが、周りの反応は違っていた。女性作家という部分だけを取り上げられ、内容は読まずに「女性作家特集」とくくられたり、意見を言うと「女のくせに生意気だ」と言われ殴られたり、雑誌に、女を武器にして男に言いよってのし上がろうとしたとか、嘘八百を色々と書かれて批判されたりしたものだった。「女唐十郎」「女つかこうへい」とか書かれたりしたが、これも戯曲の中身とは関係なく取り上げられた記事だった。

しかし、そんな世間の風潮の中、唐さんは私と人間として向き合って下さった稀有な演劇人の先輩であった。どんな時にも丁寧な言葉で紳士的に向き合い、私の劇団や塾の芝居を観て下さる時でも随分早くからロビーでじっと待って下さるようななんとも有難い方で、唐さんの創る舞台、そして終演後の飲み会での激しさからは想像の出来ない穏やかな人柄だった。

酔って暴れるのは、唐さんが若い頃から拘っていた中原中也に対するオマージュだったような気がしている。中也のある意味でライバルだった小林秀雄が好んだゴッホに対する激しい思い入れの発言も相まって、当時は狂気こそ人間の本質であると誰もが信じ、狂うために様々な生活を犠牲にして演劇を作っていた。しかし、戦中戦後を観てきた諸先輩たちの深層心理を思えば、狂気は一番正直な人間の生き方だったに違いない。後続の我々はその狂気をなぞり乍らファンタジーとロマンの虚構の世界と四畳半の押し入れとを行き来していた。

一八歳の時、蜷川幸雄演出、石橋蓮司主演の『盲導犬』を観て、劇団を立ち上げようと思った。それぞれの世代でしか作れない演劇があるのだと決意した。

「星のない男はくずだ。星のない男は皆、袋の中の迷子だ。俺には星がある」。袋とはおふくろ（母親）のことだが、これも唐さんの台詞になると蔑視には聞こえない。片方におふくろになれなかった狂気の銀杏が対局として存在し、「恋に破れた男はいつも未成年です」とまた女性を天井に上らせてくれるのだ。映画の終わった九時過ぎから始まる演劇の、あのドキドキわくわく感。長い行列に並びながら興奮した。整理券を申し込むために電話を掛けたら緑魔子さんが出たのにも驚いた。この観劇中に自分たちの世代で新しい劇団を作ろうと決意した。のちに『唐版　滝の白糸』を大映スタジオに観に行った時、蟹江敬三さんが座っているのを見つけ、その時の感動を伝えてしまった。見ず知らずの一八歳に敬語をつかい丁寧に返答して下さった。（この時主演の沢田研二と李礼仙はポール・シュレイダー監督の映画『Ｍｉｓｈｉｍａ』で強烈な共演をはたす。また、紅テントで『盲導犬』の影破里夫《えいはりお》を演じたあこがれの石橋蓮司さん、そして緑魔子さんに３〇〇の舞台にでていただけるとは）。

舞台芸術学院の専修科の演目に『少女仮面』を選んだ。二年で終わるはずの学院で、有志を募りもう一年劇団のような形で芝居を上演したいと考えたのだ。その第一回目が『少女仮面』だった。手元にその配役と音響の音の出のメモしてある古い文庫本がみつかった。

私の担当は作曲と、舞台美術と、ポスター、チラシのイラストとデザインだった。有名なあの名曲たちではなく、私が作曲した新曲をみんなが演じた。

それから十年後、私が春日野を演じることになるとはその時の誰が想像しただろう。舞台芸術学院では私は主に演出、美術、作曲、雑誌の編集を担当していて、劇団を旗揚げしてからも長い台詞を喋る機会はなかった。

パルコのプロデュース公演で、私を配役してくれたのは昔、沢田研二のマネージャーをしていた池田道彦さんだった。

『少女仮面』の女性たちの台詞がやはり素晴らしい。生涯処女のまま『嵐が丘』を書いたと言われているエミリー・ブロンテの小説の感想を処女の少女・貝に言わせる「二百年たった今もヨークシャーの荒野をさまようヒースクリッフとキャサリンの二人の愛の乞食が、そう、あの二人は未だに乞食なのよ、愛のね。だって原作者も本の終りに『死者には安らかな眠りはない』と書いているもん。その二人が合い寄り合ってもまだ探しているものがあるのよ」。

出だしからテーマを語る饒舌な少女。しかし、この処女が中年のオバサンになったり、男になったり、老婆になったりして、最後には人形になる。「肉体とは何か？」。作品の中でローラがリッジーに変化していくのが分かる。肉体の中を精神が行き来する女性の体と脳みそに唐十郎は永遠のあこがれを持っていた。女性と一体になる夢を生涯見続けたといっても過言ではないだろう。春日野の台詞「海でルンバを踊るブレヒト役者」サラギーナはフェリーニの『8½』でルンバを踊る怪優である。あの狂女の存在もまた性を超え「没入感情の中に超越がある」ことを知っていた。

唐さんは晩年女性の役を良くやるようになった。『少女仮面』の老婆の役での、ろうろうとした歌の見事さも印象深いが、私は『透明人間』の白川先生を演じている唐さんが好きだ。少年役は十貫寺梅軒さんが演じていたが、唐さんは草間彌生に瓜二つで本物の先生にしか見えなかった。あの狂気と説得力と、ブランチのように少年を愛しては突き放す、女性特有の包容力とユーモアがたまらなかった。

生まれて初めて『少女仮面』の春日野の台詞を喋った時の興奮は忘れられない。まさに多重構造の豊かなハムレット。男の役を演じ続け男になろうとして腹の底の女の性と戦う狂気の台詞と、役者が役と自分とせめぎ合い、自分がなにものでもないと気が付くラスト。この構造も『恭しき娼婦』に似ている。苦悩する女性。死んでも苦悩する女性。ハムレットである。

苦悩する脳を女性に持たせる唐十郎は、昔も今も新しい劇作家ではないだろうか？

私はこの『少女仮面』の春日野を演じてから俳優になったといえる。その舞台で二百人ものファンからファンレターをいただいた。しかし、その後『げげげのげ』で耳成豚を演じたとたん、手紙は届かなくなった。

唐さんの戯曲『逢魔が恋暦』を演出することになったのは私が三三歳の時だった。

役者として演じた後に演出をさせていただくことは光栄だったし、役者唐十郎を演出するという緊張感と戦っていた。

ここでの体験はまた別の機会にするとして、唐さんとの交流の中で得たものは大きい。

今回の原稿を書くにあたり、劇団唐組の主演俳優稲荷卓夫さんに話を伺った。私も稲荷さんとは唐組旗揚げの頃からの付き合いで、私の演出した舞台にも何度か出演していただいた縁である。そして二〇一二年三月二十日水天宮ピットの大スタジオで扇田昭彦のコーディネイトと司会、主催は東京芸術劇場で、唐さんと対談と朗読、そして歌の共演をした話で盛り上がった。唐さんが転んで大けがをなさった年の三月で、唐さんとじっくり話したのはその時が最後であった。唐さんは故安保由夫さんのギター伴奏で『少女仮面』の婆の歌を歌った。私は『夜の影』の冒頭の長台詞の朗読。唐さんは『少女仮面』の腹話術師のくだりの朗読であった。唐さんと同じステージに扇田昭彦に誘われて立つことができた。扇田さんは『夜の影』を観て一番最初に3〇〇の劇評を書いて下さった方で、唐十郎の演劇を山形の小さな町の高校生に伝えてくれた恩人だった。「どっどどどおど」で始まる風の又三郎、「ゆわんゆよんゆわゆよん」の中原中也の詩「サーカスの歌」に美しい曲をつけた安保さんも異界に旅立たれた。

唐さんがその時に「自分というキャラクターはたぶん戯曲の中に分散されている。それを集めると自分になるのだ」とおっしゃった。

LGBTQのはしりとも言える宮沢賢治の性を超越した物語と、『唐版　風の又三郎』の火花のような台詞が、唐さんの分散された細胞が炸裂して、当時の、自立できない性と闘い続けざるを得なかった演劇志望の若者の心を鷲掴みにした。

『少女仮面』を演じる。ブラウスは唐から借りたもの

その饒舌な沼にはまり、今も抜けだせないでいるのかもしれない。

唐さんが晩年も意志ある女性を書き続けていられたのは、若き相棒、夫人の美和子さんの力も大きかったろう。天才脳に付き合う生活は計り知れない。

『少女仮面』の音つくりのために当時購入して読んだ『幻のセールスマン』の本の『腹話術師ギバー』の間に父の葉書が挟んであった。昭和五十年四月二七日の消印である。あれから五十年経って開いたページに忘れていた山形の父からの葉書。そこには私が問いかけた『ユリシーズ』の解説が書いてあり、四月一七日に咲き始めた桜がまだ散らずにいるという文章で占められていた。桜の古木には毎年新しい花が咲く。二年前に亡くなった父からの伝言が唐さんの本のページから出て来た。「娘はいないと思ってくれ」といって飛びだした私が父に許されたのは『夜の影』の上演を父が観たからだった。「こういう芝居を創るなら許す」と言われた。唐さんが発見してくれた作品だった。


（劇作家・演出家）

＊読解

変容と様式

川村毅
Kawamura Takeshi

1

一九七五年上演の『腰巻おぼろ　妖鯨篇』を上野不忍池で観たのは中学生の時だった。母方の実家が田端であったので上野は日常行動のテリトリー内だった。そのおかげで界隈の博物館、美術館デビューを果たしていたせいもあって、不忍池へは特段の遠征ではなかったが、テント芝居を初めて観るというのは特別な体験だった。以来、私自身が客演として呼ばれ老婆を演じた一九八六年の『少女仮面』まで、さらに以後の状況劇場のほぼ全舞台を観たと記憶する。

それは一九八一年の公演『お化け煙突物語』での冒頭のことだ。

シーンは初夏の病室。療養中の妹のタライの行水を姉が手助けしている。

姉　玲ちゃん、あたし、痩せたね。
妹　ううん。
姉　胸なんか洗濯板だし。
妹　そんなことないって。
姉　だから、余り、垢は取らないで。

すでに状況劇場の数々の舞台で、堅実な口跡を備え、魅惑的な立ち居振る舞いで脇を固めていた女優ふたりが、ごく普通の対話を始める幕開きを目の当たりにして、これはいつもと違うと座り直して居住まいを正した。

唐十郎の文体。普通でありながらどこか普通でない不穏さを露呈しつつ続けられる対話は、日常会話の脱臼であり、それはそのまま登場人物の本人にさえよくわからない痛みとして発語され、その強度が強いほど、いわゆるわからなさが増幅される。

本人にさえよくわからない痛みとは、本人にも痛いかどうかわからないまま、とりあえず痛みという表象として出没する心身の黒点で、本人にもわからないのだから、観客にはもっとわからない。それが唐十郎の戯曲だ。

ところが、この冒頭はよくわかる。よくわかる姉妹の対話は初版の単行本では六ページほど続けられる。脱臼の強度を抑え、普通の側への寄り添い幅が大きい分、どこか不穏な静けさを湛えた世話物の幕開きを想像させた。

しかし、大塚の息子なる人物が病室に侵入を始めると、不穏な普通さはよくわからない不穏さのほうへと徐々に移行し、いつの間にやら劇は男女一対の主人公たちのイノチガケの振る舞い、そのイノチガケは当然の如く目の前の異性に向けての感情であるはずなのだが、あちらこちらへとイノチガケの義理立てをやってる間に、なんのために誰のためにイノチガケをやってるのか本人たちにとっても不明になってしまう感情の迷宮の宙づりのメロドラマとして回収されていく、いつものパターンで終幕してしまうのを見届けて、少しばかり落胆した。

この時期、私は最終的に一対の男女の未明の、不明のメロドラマへと回収せざるを得なくなった唐十郎戯曲に飽いていたに違いない。いつになったら新たな局面を切り拓いて見せてくれるのだろうと思いつつ、そんなことを簡単にはできない興行の苦さと蜜の味のこともまた理解していた。

興行は、劇作家の変容など認めない。

ところが、それは不意打ちのごとくやって来るのだった。

2

なつかしさ、ということがある。実は複雑で厄介だ。それは必ずしも幼少の折りの光景とか、あの日の遠い思い出ばかりを意味しない。

ブルックリンの劇場での山海塾による舞踏公演後、なぜ欧米で、日本国内以上にBUTOHの人気があるのだろうかとニューヨーク大学の教授に質問したことがある。

――みんな、なつかしいと言う。

その答えには驚かされた。舞踏といってもいろいろあるのは当然で一概にまとめることはできないが、暗黒舞踏の創始者・土方巽が紡ぐ言葉、文章にはその公演をライヴで接するには遅い生まれの者にもあるなつかしさを喚起させるに十分な共通感覚がある。実際に体験したことのない事象に感得し、見たことのない光景を見ていたかのようになつかしく思うのだから、世代は関係ない。しかも、共通感覚を支えるのは日本という風土・風景を染み込ませた者の身体に限ると思っていたところが、ニューヨーカーになつかしさを指摘されて、この共通感覚はなんなのだろうと考え、例えば「闇だまり」（土方巽）という言葉に私はひどく感銘を受けた二十代があったが、誰もがそうだというわけではなく、時代遅れのアングラ言語としてしか理会しない同世代もいて、なるほど日本人だからわかるというのは間違いで、欧米人であっても共通感覚を共有できる者はできるのだと理解した。

見たことのないものをなつかしいと思う感覚ほど恐ろしいことはない。なつかしさを感じる時の恐ろしさを土方は「闇だまり」と名付けた。

唐十郎はあらかじめ沈殿させていた闇だまりを師・土方巽に発見され、撹拌され、それを自家薬籠中の物として手を替え品を替え披露して観客を魅了し続けた。それが別役実の影響がまだ濃かった初期戯曲、『24時53分〝塔の下〟行きは竹早町の駄菓子屋の前で待っている』、『煉夢術』、『ジョン・シルバー』シリーズ、『腰巻お仙』シリーズなどを経た後、七十年代からの黄金の疾走期の戯曲群だ。

闇だまりのめくるめくイリュージョンを支えるのは、パリ・レジスタンスの地下通路のごとく街のあちらこちらに張り巡らされた路地、その薄暗い湿り気に隣接する風呂無し・共同便所の木造アパートの四畳半もしくは六畳間だった。

長屋造りのように並ぶ部屋の廊下の突き当たりの共同便所の扉が、あるいは六畳間の押し入れの襖が開かれたその時に、そこに封印されていたかのごとく沈殿していたかつての生活者の記憶と忘れられ打ち捨てられた感情が、文字通りの闇だまりから一気に外界へと解き放たれ、いつしかルサンチマンを過去として忘却、もしくは忘れたふりをして嬌声を奏でる成功者の脳天に一撃を食らわせようとするのだった。

闇だまりのイリュージョンはコンパクトに要約されるお手軽便利な文化史においては六十年代で効力を無くしたと語られがちだが、八十年代においても十分有効であった。とその時代、二十代を生きた私は断言しよう。なぜなら、八十年代はバブル経済による享楽期として刻印されがちだが、二十代の者はその時代末だイリュージョンの源泉である風呂無し・共同便所の木造アパートの一室を現実の住居としており、なつかしさの恐ろしさと交通できる素朴な貧しさの愉楽を生きていたからだ。

そうした貧しさの愉楽の消滅の実感は九十年代に入ってからで、その半ばには急激な速度で消え去っていく。ジャパン・アズ・ナンバーワンの称号が昔の名前となったニッポンの首都は余力があるうちになんとかせねばとばかりに余裕を無くして、有効と無効の選別に力を入れ始める。

目に見える繁栄に奉仕しないものは余計者、厄介者、曖昧さとして排除の対象とされる。

湿り気のある路地は用無しである。木造アパートは無駄である。

都市の再開発という旗印が闇だまりの聖地、根拠、記憶を消していく。そこに住居しなかった者たちも巻き込むなつかしさの恐ろしさという共通感覚は根こそぎに消滅、解体され、やがて二十一世紀の明確な富と貧困の二極社会の礎を築き上げていく。貧しさの愉楽などとはもはや口が裂けても言えないほどに貧困には酸鼻が伴う。

田口　あ、今日でしたっけ?
家主　その今日は、もうないですよ。
田口　あと三日待ってもらえませんか。
家主　先月に言ったでしょう、今日からとりこわしにかかるって。

劇団唐組が本格的に始動する一九八九年の『電子城』の冒頭において、こうして唐十郎演じる田口は

「小さな下宿」を引き払わなければならない。

闇だまりの根拠を失った時期、唐十郎戯曲の第三章が始まる。

3

唐十郎ワールドとお手軽にひとくくりにしてはならない。九十年代に入ってその戯曲文体は沈殿した塵芥が刻々と堆積していくかのような変容の仕方を見せる。塵芥は現実社会そのもので、闇だまりのスペクタクルの方法では太刀打ちできない多層体であり、そうした厄介物を背負い込むことによって文体変革の懐刀とする捨て身の方法。

変わらずに多幕物の形式が取られ、七転八倒の展開が繰り広げられるが、もはやそこにはヒロインと二枚目のイノチガケの駆け引きと成就なき永久運動のごとき爽快な宙づりへの回収とそのカタルシスはない。

状況劇場から唐組への転回は、看板女優を喪失させた故の経緯と取るのは読みが浅く、悪意がある。「そうなった」から「こうなった」のではなく、「こうなる」ために「そうした」のかも知れないという作家の悪魔性、恐らく真の作家が誰でも持つであろう人懐こい笑みの一方での悪魔の心性を忘れてはならない。

劇作家は看板女優という支配から解放され、一時興行から自由になったのだ。

とはいうものの、日本の劇作家は書斎でひたすら台詞を研磨し続けるだけというわけにはいかず、やがて再び興行と共闘していかねばならない。辛苦の道程が始まる。

変容されゆく文体において消えた人々がいる。同じ名称で概ね1から5とナンバー付けされた二人組から、五人組から成る登場人物たちだ。この人々は様々な職業をまとって劇のあちらこちらで出現と退場を繰り返し、回収に向かいそうになった展開を攪拌する。彼らは一見すると長い台詞を細切れに分け合っている存在に見えるが、微妙な差異を各々抱えており、お互いが面従腹背の関係を持つ実に絶妙な人々だ。

隊員1　あ、捜査本部ですか。
全員　あ、捜査本部ですか。

2　今、お茶の水駅です。
全員　お茶の水駅……
3　――です。
4　です。
1　です。
2　です。
1　あそこにニコライ堂があります。
2　あそこにジローがあります。
3　あそこに文化学院があります。
4　あそこに陸橋。
1　住人たちの話では、ヒコーキの爆発音を聞いたと言っております。
2　ます。
3　ます。
4　ます。
1　(受話器を伏せて) いい天気だ。釣に行きてえなあ!
全員　いい天気だ、釣に行てえなあ!
5　おい、電話もかけないで何をしてるんだよ!

1　え?
全員　え?

(『唐版　風の又三郎』)

彼らの登場は展開される主題を転調させ、その後のさらに新たな展開の助走として鮮やかに茶々を入れて、いなかったかのように立ち去る、闇だまりシンフォニアにとって重要な楽器群となる。

そう。シンフォニア。

唐十郎の戯曲が音楽的であることは上演に接するとよくわかる。観客はストーリーの整合性を追ったり人物の心理を読解しようという努力を無駄と決断した時、要所要所耳に届く言葉と台詞の一節に身を預ける。欧米の映画音楽のサウンド・トラックにおぶられて言葉の旋律とリズムに身を委ねるその体験は、まさしく音楽を聴く時間と重なる。初期の戯曲がバッハ無伴奏チェロ組曲だとして、七十年代から八十年代の戯曲群は紛れもなくシンフォニアである。

そのシンフォニアにおいて重要な役割を果たした職業名だけの一群が消えたのには、訳がある。そこには明らかに変容の手触りが感じられる。

もはやシンフォニアの時代は過ぎたのだ。
ノイズ・ミュージックなのだ。

4

上田　経済を敵視してもはじまらない。人が生まれる前から、経済はあったんだ。俺は経済というコトバが嫌いだった。できれば不経済に生きたかった。が、俺が嫌おうが、経済は、俺に関係なく自足することに思い至った。途端に、経済に追いつこうとしてしまった。取れ、この花、これにだって経済はかかってんだ。

一九九〇年の『透明人間』にはこんな台詞が不意にゴロリと転がされている。舞台は煙りが立ち込めた焼き鳥屋で、何の因果もなく酒を飲みにきただけの客たちの文字通りの喧噪、居酒屋のノイズが脈略なく転がされるうちに、やがて各々のノイズの偶然の必然性が明かされていくにつれ、透明人間という身体が浮かび上がっていく。いや、それはもう身体とも呼べないものかも知れない、辻と命名された男は透明なのだから。

田口　セロファン、オブラート、サランラップ、それがあんたの体で影だ

そう言われた辻は劇の最後で、「透明体の影を伸ばしてみせる」。

劇に特定の主人公は存在せず、複数の主人公たちが自身と街のノイズを背負い込み、訪れた飲み屋で溜め込んだ塵芥をさんざっぱらに噴霧する。

二〇〇〇年の『鯨リチャード』の舞台もまた飲み屋であり、新宿駅西口・思い出横丁の鯨カツ屋と珍しく詳細に指定された場所である。

飲み屋とは本来ノイズを呼び寄せ、発散させる場所故にノイズ・ミュージックには格好の舞台だ。『電子城』は任天堂テレビゲームのキャラクターと内部構造にノイズを見出そうとしたが、単純にゲームに接しない人々にそれが届くはずもなかった。

飲み屋こそ独壇場である。

客は繰り出されるノイズに共振し、やがては地べたにはいつくばるかも知れない。それはシンフォニアの

大団円のように遠くに連れて行かれるというイリュージョンとまったく対照的である。この時期、木造アパートの解体という現実にノイズの強度で対抗しようという舞台と、時には感傷にどっぷりはまった舞台とが混在する。ノイズに共鳴した読者、観客は共闘の決意を余儀なくされる。

戯曲は明らかに変容されたのである。『透明人間』において、闇だまりから誕生した肉体は、焼き鳥屋の煙りの向こう、存在と非存在のはざまに佇む透明体となり、その透明性を根拠にした男は新たな聖地を見いだすことができるのだろうか。文体の変容は、その探求の旅の道筋である。

ところが、だ。

戯曲の変容が上演の様式に埋没させられる光景に出食わされて、テント芝居という四十数年をかけて培って来た様式の強度が逆証明される。

テント芝居の様式とは、テント設営から上演、上演後の宴会、撤収までの行程と、唐十郎の演出スタイル全般を指す。廃品を集めて立ち上げたかのような舞台美術はいつもテント内でしか見ることのできないインスタレーションであり、演技スタイル、音楽、照明、そしてラストの屋台崩しのカタルシスと、いつしか人はその様式を堪能しにテントに足を向けることになった。

唐十郎本人が俳優として舞台に出ると、そこですでに様式が作動しだす。観客はいつもの、あるいはかつてのシンフォニアを求めざるを得ない。しかし、シンフォニアのわからなさには慣れた観客にとって、ノイズ・ミュージックのわからなさは未知の経験だ。

戯曲の変容と上演の様式のあいだでの乖離が九十年代の初期舞台には覆っていた。

その乖離を唐十郎が意識していたことは『夕坂童子』（二〇〇八年）の幕引きから読み取れる。いつも通りだと、開かれた天幕の先の街に劇の中枢を駆け抜けた誰かが消えていくところが、ここでは主人公・奥山は、「わたし、います」と言い切ってヒロイン・谷朝子が居残る焼き鳥屋へと外からテント内へと向ってくるのである。ここではかろうじての様式破りがぎりぎり敢行されている。

劇作家の変容の闘争。シンフォニアの多幸感はすでにない。九十年代以後の戯曲は多様なノイズに満ちあふれた現実への戦闘であり、しかしその戦闘の果ての勝利の聖地像をあらかじめ喪失させたままの戦闘であるために常にイノチガケの宙づりとなる。この「イノチガケ」も「宙づり」も無論シンフォニアのメロドラマとは意味が違う。

それは現実の生の酸鼻であり、酸鼻に耐え、抗う人々の地べたからの共生を求めるノイズに他ならない。そして唐自身もまた様式と変容の狭間で鮮明な打開もしくは止揚の道を拓けることなく、、、最後まで宙づりの内面の闘争を展開し切った。

これらの戯曲群は未来、唐十郎の立ち居振る舞いを記憶する世代が死に絶え（無論私も含め）、その様々な伝説が機能しなくなった時、この時代の記憶、刻印として初めて独立した戯曲として読解されるかも知れない。

最後に氏の最後の執筆となった『海星』のひとつ前の作品、『西陽荘』（二〇一一年）に触れたい。

舞台はタイトルが示す通り、イリュージョンを喪失したはずのかつての聖地、西陽差す木造アパートである。しかし、そこにはもちろん、もはや胎内回帰の温もりはなく、なつかしい恐ろしさの場所としても機能しない。観客である私は、その壁の向こうに出現する海、東日本大震災の折り、町を飲み込んだ津波を繰り出した大海へと主人公がまるで頼りにならないポンコツエンジン搭載のボートで向かうラストを見届けて、新たな木造アパートの光景の不意の出現に瞠目し、この場所からこれまで見ることのなかった何かが始まるのかも知れないと密かに震えたのだった。

そのことを唐氏本人には告げずじまいとなった。

（劇作家・演出家）

＊読解

唐十郎戯曲上演のための新たな方法論

戯曲読解による現在化、上演方法の普遍化のために

中野敦之
Nakano Atsushi

この論の目的は、唐十郎作品をこれからの上演の対象として引き継いでいくことである。唐十郎はこれまで百本あまりの台本を書いた。改訂作品もあるので正確なカウントには定義づけが必要だが、それらの過半はすでに出版物になっており、現在は活字化されていない作品もこれから何らかのかたちで残されていくだろう。だが、それだけでは足りない。台本は実際に舞台化されることを前提に書かれている。台本は上演を求め、上演を志す人を必要とする。この論は、横浜国立大学時代に唐十郎に教わり、その後も教授と学生の関係を超えた師弟関係のなかで、その作品、唐十郎本人との交流を通じて劇団唐ゼミ☆を運営、演出という立場から唐十郎作品を上演し続けてきた私が考えてきたこと、唐十郎に教わったことを頼りに唐十郎作品へのアプローチを整理したものである。大学で行われた唐十郎ゼミナールからスタートした私の演出活動は、演劇志望でも何でもない学生仲間たちを俳優に仕立てることにより始まった。彼らは純粋に唐十郎教授に惹かれて参加したメンバーだった一方、雲の上の存在であり、独特の話し方、書き方をする唐本人とのいきなりの意思疎通は難しかった。そこで私には、唐十郎と学生たちの会話を翻訳者的につないだり、唐作品の仕組みを平易に説明できる必要があった。二〇〇五年三月の唐の教授退任後に劇団唐ゼミ☆を立ち上げ、私自身が劇団を運営するようになると、新しい劇団員や観客の獲得が運営的にも切実なものとなる。すると、唐十郎作品の仕組みと面白さを伝える工夫にさらに拍車がかかった。この論はそうして生まれたものである。唐作

品を読み解くことは誰にでも可能であると私はいま確信しているし、この文章を通して、さらに多くの人たちに私のやり方を参考にしてもらいたいと願っている。

【1】唐十郎作品を上演する際は、まず書かれていることに向き合う

私が演出をはじめる時、まず台本を読む。ト書きを読み、せりふを読む。そうすると、初めは唐十郎作品に特徴的な、説明も無くいきなり展開する冒頭シーンや突飛なせりふに振り回される。ここはどんな場所か、目の前の登場人物たちはどんな人で何をしようとしているのか、前提条件がわからないまま翻弄される。これはもちろん、すべて作者がわざと行っている仕掛だ。順序だてた説明をせず、まず現象を提示して観客や読者を巻き込む手法を唐十郎はとる。その結果、読み手としてはいささか面食らい、迷子になりながら読み進める。しかし、台本全体を読み終えた上でもう一度冒頭シーンに返り、個々のせりふとよく向き合っていると、そこに確かな条理を発見することができる。

例えば、『少女仮面』の冒頭シーンをどう読むのか、一例として解析してみる。

花道に二人の少女がうずくまっている。明るくなると一人は少女だが、もう一人は少女フレンドをかかえた老婆。二人はゆっくりと、そして力強く、黒い靴下をあげている。モモには赤い大きなガーター。…**ト書き**

貝　ねえ、おばあさん、春日野さんが「嵐ヶ丘」に行ったとき自分がヒースクリッフの役をやっているのでヨークシャの荒野を横切るときになって、あの二人の愛の亡霊と三角関係になるのじゃないかとひやひやしたと言っているのだけどあれはわくわくしたのじゃないかしら?…**せりふ①**

老婆　それは難解ね。…**せりふ②**

貝　もし、わくわくしたのなら、おばあさん、それは不謹慎だと思われる?…**せりふ③**

老婆　貝、本当のこと言うと、永遠の処女の考えることは油断ができないよ。…**せりふ④**

《ト書きの解析》いま、少女は憧れの宝塚スターの店を訪ねることで、芸能界にデビューするきっかけを摑もうとしている。老婆は、いってみれば「ステージ・ママ」ならぬ「ステージ・グランド・ママ」だ。雑誌「少女フ

レンド」を抱えているところを見ると、この老婆はいまだに心が少女のままのようだ。推察するに、本当は自分こそがスターになりたいのかも知れない。だからこうして付き添い、少女に自分の夢を託している。さらに面白いのは、少女が精一杯のおめかしをする以上に、老婆まで同じ靴下をはいて張り切っているところだ。少女をアピールする場において、老婆が目立ってしまっている。老婆の抑えきれぬ自己顕示欲は、コミカルかつリアルだ。

《せりふ①の解析》いきなり劇全体の核心を突いてしまう少女の直感。貝はいまだ性に目覚めぬ子どもだが、純真であるが故にその直感が核心をついてしまう。すなわち、清く正しく美しいはずの宝塚トップスターもまた、本当は三角関係などの恋愛のいざこざが大好きな人間の一人に過ぎない、と。

《せりふ②の解析》もちろん老婆は年の功で、スターも所詮は人間であることを知り抜いている。が、ここで少女の夢を壊すことはできない。貝の直感にギクリとしながら、トボけてみせている。

《せりふ③の解析》自分で言っておきながら、スターが夢の存在だと信じる少女は、先ほどの発言を自ら打ち消し、それがバカバカしい意見であることを老婆に確認する。

《せりふ④の解析》やっぱり現実を教えるべきだと判断した老婆は、真実を告げようとする。

……といった具合である。

こうしてト書きやせりふを具体に読み解くと、俳優がせりふを言い、演技を組み立てる道が見えてくる。冒頭は、うつむいている少女が二人いるように見せておいて、顔を上げて照明をあてると一人は老婆、という演出も可能だ。少女よりも老婆の衣装をより乙女チックに造形することで、老婆の自己顕示欲を示そう。

唐ゼミ☆の芝居づくりはいつもこうして始まる。一方、これらの読解をあまりに徹底し過ぎると、単なるリアリズム演劇になってしまう嫌いもあるから、条理に根差した上で、作者が狙ういきなりの展開、強引な押し出し、せりふが持つハッタリ的な魅力を活かすことも忘れてはならない。感情移入を基礎として、跳ぶ時は跳ぶ。この組み立て方は時代や場所を超えて新たな世代にも応用可能なはずだ。

【2】執筆時の作者の衝動を追体験するため、周辺作品や執筆の際の社会状況からヒントを得る

まず、『少女仮面』というタイトルにある「少女」は春日野八千代だけでなく、貝と老婆にも掛かっていると読む。彼らはいずれも「少女」という観念のバリエーションであり、年齢や境遇に応じて三様の生き様を示す事例なのだ。この展開は、『ジョン・シルバー』二幕で三面鏡のように並ぶ双子の姉妹とヒロイン・小春をも想起させる。こうして、私の場合は周辺作品をヒントにしつつ、劇の細部を強化する。

　他にも、特に初演時の状況を把握できる資料にあたるのを大切にしている。『少女仮面』の舞台が地下喫茶店〈肉体〉であるのは、初演した早稲田小劇場が喫茶店の二階にあったからだ。また、ヒロインの「春日野八千代」を造形するにあたり、初演でこの役を演じた白石加代子について考えてみるのも重要だ。白石は宝塚の男役スター的でなく、若くして老いているようにも見える不思議な魅力を体現した女優であり、唐十郎自身、彼女を「少女アルレッキーノ風な劇団員」（『別冊新評　鈴木忠志の世界』より）と評していることは、この役の造形に際して重要なヒントになる。これまでに私が接した『少女仮面』上演において、宝塚の男役スターをめざすあまり失敗した例を多く観てきた。宝塚スターを追うことで、肝心の、自らをスターと偽るしがない初老の女という側面が等閑にされてしまうのだ。

　また、唐十郎が参考にしたであろう映画『嵐が丘』（一九三九）を観るのも大切だ。映画冒頭の雪原シーンが作者に「満州」を想起させたことは想像に難くない。劇中で何度もかかるメリー・ホプキンの名曲『悲しき天使（原題：Those were the days）』はもともとがロシア民謡であり、満州の果てにある大地へと想像力が飛躍していった可能性もある。当該のロシア民謡のタイトルを英語に翻訳すれば『By the long load』。いずれも過去を懐かしむ歌である。春日野と主任が演劇活動に賭けて失ってしまった時間、取り返しのつかない時間を謳っているとも解析できる。

　加えて、「トンボ」はB29の隠喩、「主任の人差し指の包帯」は執筆の二年前に流行した伊東ゆかりの『小

指の思い出』（一九六七）からの影響（だとすると、『少女仮面』の中で噛んだのは誰か?）と読める。他にも、周辺資料にあたるなかで思いついたさまざまなアイディアを実践した。

　さらに、時代背景の中で『少女仮面』の少女と老婆を捉えるのは、想像をかきたてる愉しい作業である。この二人が祖母と孫だとすれば、祖母にとっては子、孫にとっての親世代が欠落しているのは何故か。人々が生き別れ、死に別れることが珍しくなかった戦中戦後の状況を振り返る時、この二人が血のつながらない人間だと想像することも可能だ。年齢の差こそあれ、食い詰めた者同士が協力して一発逆転の夢を叶え、宝塚スターになろうとする。そう思い描くと、二幕で貝が語る老婆との結びつきの強さ、目蒲線周辺において「二人でがめた万引きの思い出」の大切さがわかってくる。コミカルなせりふの中に宿る切実さが胸に迫り、泣き笑いとなる。同じ事象が、角度を変えれば悲劇になり喜劇になる。こういう物の見方も、唐十郎作品を体現する上で重要なセンスだ。

　他方、『少女仮面』の中にも、このくだりは時代を越えられないと私が考える箇所がある。例えば、地下喫茶店〈肉態〉を取り巻く工事や大規模な都市開発。これはやはり、一九六四年の東京オリンピックや高度経済成長期におけるその時代特有の雰囲気を知らなければ共感できないだろう。こういう場合、上演の現場としては、往時のウケを想像しながらこれを見切ることも重要である。どこで現在化が可能で、不可能なのか、そこを嗅ぎ分けながら、意味を理解した上で思い切ることもまた、上演の実際において重要な判断となる。

　つらつら書いてきたが、【1】【2】を通じて強く振り返りたいのは、「解析」と「解釈」の違いである。「解析」を客観的な腑分け、「解釈」を主観的な読み解き、と定義づけてみると、先ほどのト書き・せりふ分析や、周辺作品を根拠に『少女仮面』を読み解くやり方はより「解析」的であり、二人の関係性に対する類推は「解釈」に近いと捉えることができる。私の主張において、唐十郎作品がこれからも新たな上演の担い手、観客、読者を得るためにまず重んじられるべきは前者、すなわち「解析」である。唐十郎が自ら喧伝した「誤読のススメ」は確かにロマンチックかつ魅力的な考え方だが、これを信奉しすぎると基本線を失って読み解く土台が無くなる。だから、「解析」と「解釈」を混同せずに考えたい。あるいは、唐十郎作品がそもそも「解析」の対象であるという扱いを受けていないことが大きな問題とも言える。要するに、最低限守るべき物語構成、登場人物の造形はあるのだ、ということを確認したい。

実際には、残念ながら多くの唐十郎作品公演は、既存のアングラ・イメージに終始した習慣的上演であることが多い。それに対し、新たな年代、若い世代が従来の習慣や類形に振り回されず、素直に作品に共感していくことができないか。そう考えて劇団唐ゼミ☆での芝居づくりを実践してきたが、この方法論は他の誰にでも開かれ、活用可能であることを強調しておきたい。

【3】唐十郎教授の講義とはどのようなものだったか

ここで、学生時代に受けた唐十郎の講義について振り返ってみたい。なぜなら、そこに、これまで【1】【2】を通じて示したやり方に私が至った遠因があると考えられるからである。それはどのようなものだったのか。

一言でいうと、唐十郎の講義は硬派だった。むしろ保守的とさえいえる姿勢で唐教授は講義に臨んでいた。自作を取り上げること、他の作者を取り上げること、大別して二つのパターンがあったが、そのいずれもが戯曲を読み、分析することに費やされた。期待されがちな現場のエピソード・トーク、若い頃からの武勇伝などはあまり話さなかった。

自作としては『少女都市からの呼び声』や『秘密の花園』などが取り上げられ、他の作家による作品としては、ヘンリク・イプセン作『幽霊』やユージン・オニール作『夜への長い旅』を論じた。他の自作、テネシー・ウィリアムズやルイジ・ピランデッロらを取り上げることもあったが、いずれにせよ分析方法はこんな具合だ。

まず、台本全体を断片（ピース）に分ける。各ピースは、登場人物の入れ替わりによって分割することが多い。例えば、冒頭で登場人物Aが一人で語る。これがシーン①。そこにBが入ってくるとAとBの対話が始まり、これがシーン②。Aが去り、入れ替わりにCが入ってくると、BとCの対話によるシーン③、という具合である。まことにわかりやすい。次に①②③……、それぞれのシーンについて、端的にテーマを捉える。要するに、誰と誰が何を行っているか、短いあらすじを書く。シーンが二十あれば、二十の短いあらすじが完成し、これを連ねて、全体を捉える。こうすると、全体を捉える中で、各シーンがどう機能しているかが見えてくる。唐十郎教授はこれを「ピース分割」と呼んだ。時に、あるシーンが長すぎる場合はこれを二つに分けることもあった。その際は、話題の移り変わりによって分ける。要するに、これは部分から全体を理解し、全体を理解しながら部分を捉える整理方なのだ。整理すれば、劇を組み立てやすくなる。

加えて、唐十郎はこんなやり方も示した。ピース分割した各シーンのテーマにとって、邪魔なもの、無意味なもの、意味不明だが不思議に心惹かれるものを発見せよ。この場合の「もの」とは、物言いだったり、仕草だったり、小道具や舞台美術の一部のなどの具体物だったり、まちまちだが、舞台にある・起こるすべてのものが対象となる。要するに、ピース分割によって部分と全体をわかりやすくしておきながら、今度はそれを邪魔するもの、けれども、魅力的なものを発見せよ、というわけだ。

「ピース分割」と「邪魔で魅力的なもの」の二点を総合する時、唐教授が教えたかったのは次のことではないかと私は捉えている。すなわち、劇の始まりから終わりにかけて、登場人物が果たす役割と物語の進行をわかりやすくするのが「ピース分割」。これは、始点から終点への最短ルートを見極めるやり方である。次に、その途上において「邪魔で魅力的なもの」を追究するのは、道中における「寄り道」「道草」のようなもので、これが全体に潤いや楽しみを与える。この二つは相反しているが、同時に相互補完的でもある。最短距離を見定め、寄り道や道草をせよ、という教えに習って、私はおぼつかないながらも、せっせとノートを整理していた。

今にして思えば、あの教えは確実に私の中に生きている。『少女仮面』は比較的ルートがわかりやすく、寄り道の少ない作品だが、「脚光を浴びず、とるに足らない初老の女が女優業にしがみつく物語」とあらすじを整理するのは「ピース分割」の延長であり、「邪魔で魅力的なもの」として、劇序盤に喫茶〈肉体〉が現れる際のト書き「突っ立っているボーイの両手の人指し指には、白い包帯がされている」が私には気になって仕方なかったし、これを実上演でもクローズ・アップした。他の唐十郎作品を上演する時にも、全体を徹底して整理しながら細部に意味を与える一方、どう考えても無意味なモチーフに注目して、これを極限まで強調し、お客を混乱させる。矛盾する双方の要素が激しく拮抗する時、劇は面白くなるように思う。

この【3】冒頭に「遠因」と書いた。これが「原因」でなく「遠因」なのには理由がある。私が学生時代に受けた講座の効能をほんとうに実感したのは、大学生時代（一九九九―二〇〇三年、私は一八―二二歳）ではなく、それから何年も経った二〇一〇年頃からだからである。正直に告白して、唐十郎の作品を読めるようになった、理解できるようになった、と私が実感したのは二〇一〇年以降である。もっと詳しく言えば、二〇一〇年五月頃に『蛇姫様　わが心の奈蛇』一幕を稽古していた時にそれを実感した。

それはこんな具合の体験だった。稽古していたのは一幕終盤。念入りに本読みを終えた後に立ち稽古に入って数日のことだった。問題となった箇所の登場人物、ストーリーの流れを説明する。

『蛇姫様　わが心の奈蛇』の主人公は「小林」、またの名を「山手線《やまてせん》」という青年だ。この「山手線」は彼のコードネームで、駆け出しのスリとして主に電車の山手線の中での盗みを生業にしていることからこの名が付けられた。新人の小林＝山手線は弟分「タチション」とともにスリをしている。ところが、彼らにトラブルが起こる。新米である彼らは、この界隈を仕切る権八一家の縄張りを侵してしまい、制裁を受けるのだ。小林は戒めとして、スリにとって大切な人差し指を切断され、タチションは指にサソリの猛毒を受ける。すると、ヒロイン「あけび」が際立った行動をとる。九州の小倉から出てきたばかりの少女「あけび」は権八一家に所属する新人スリだったが、小林とタチションを見かねて一家に逆らい、二人を助けに入るのだ。

　この場面をつくった時のことを私はよく覚えている。サソリの攻撃を受けて苦しむタチションを慰め、あけびはその患部から猛毒を吸い出す。サソリに刺されたタチションの指を、あけびはチュウチュウと自らの口で吸う。小林にとって、あけびへの信頼が生まれるのはまさにこのシーン。指を詰められ痛みと悲嘆にくれていた小林はあけびの行動に衝撃を受ける。サソリの猛毒を吸えば自分に危険が伴うにも関わらず、あけびは身を呈してタチションを救うのだ。この俠気と犠牲的精神。小林はあけびに感激し、信頼、忠誠心……といった感情が押し寄せる。これが劇全体を通じて彼らを貫く強力な関係性に結びついていく。

　このシーンをピース分割を通してタイトル付けすると、アクションしているタチションとあけびよりも、それを受ける小林の心の動きが重要であることが鮮明になる。通常はどうしてもアクションしている二人を見せてしまいがちになるところだが、あけびの行動を受ける小林のリアクションに焦点を当てることがより重視されるのだ。小林の心の動きを観せるために、小林役の俳優を動かし、音響や照明を加えてこれを強調する。それら演出効果が急激なカットインでなく、フェードインで展開することも大切だ。そうすることで、観客の心が自然に共感するように仕向ける。

　こうして物語全体を俯瞰し、あけびとタチションのアクションではなく、小林のリアクションをこそフォーカスする。台本を読むとは、このように構造を読み解く作業なのだ。唐十郎作品は常にこのように重層的構造を持っている。演出とは、その構造を踏まえて丁寧に解きほぐし、観せるべきものに焦点をあて、観客に伝えていく営みなのだ。

　ああ、台本を読めた、劇の作り方が分かったと思った。ある日、外国語が聴き取れるようになるように、唐十郎作品が「わかるもの」として一気に自分のなかに流れ込んできた。それからは、書かれている一つ一つを吟味するのが以前に増して面白くなり、読む時間、調べる時間、考える時間、要するに稽古を準備する時間が格段に増えた。

　さらに付け加えれば、先の場面の照明や音響パターンを、今後に続く二幕、三幕においても活用した。劇の中心を担う小林・あけび・タチションの三名が信頼関係を高める場面でこのパターンを繰りかえし変奏させてゆけば、観る者の感興が高まる。それだけに、すべての端緒となるこのシーンはしっかりと観せなければならない。ここで時間を使うために、手前のシーン展開やせりふのやり取りは高速で行う。一転、重要場面はじっくり。この緩急が重要シーンの強調につながる……というような着想、計算が一気に押し寄せてきた。これが戯曲を読むということなのだ、これが演出の基礎なのだという実感が強く湧いた。

おそらく、教授になる以前の唐十郎であれば、自作の読み方について手の内を明かすことはしなかっただろう。それは企業秘密でもあるし、何より唐十郎はテレ屋だから、自ら説明を加えることについて抵抗があったろう。それが大学に勤め始めることで、唐十郎は自らの方法論を明かすようになった。唐十郎の講義とはそのようなものだった。結果的に、唐十郎がそれまで接してきた演劇人とは異なる若い世代に、唐作品が引き継がれることになった。

また、よく注意していると、唐十郎は稀に、自作について解説的に述べることがあった。例えば、二〇〇五年三月に行われた近畿大学での唐十郎フェスティバルのシンポジウムで、『唐版　風の又三郎』の特徴を「売り言葉に買い言葉」と言い表したことがある。これなど、ヒロインが嘘の自分＝風の又三郎を名乗るのをきっかけに物語がエスカレートしてゆくこの作品の劇構造を端的に表す言葉だったし、「唐十郎演劇曼荼羅（読売新聞東京本社制作、紀伊國屋書店　二〇〇九）」というドキュメンタリーＤＶＤでは、『少女仮面』のヒロインについて「名もない初老の女が……」とその設定を語っている。こういう機会は貴重だった。役者や演出家、読者の読むに任せ、台本に語らしめることを美学とする唐十郎本人が、ごくわずかの機会に披瀝する解説。私はそれらを聞き逃すまいとしてきた。加えて、私には個人的なチャンスもあった。唐十郎と二人きりになると、その時に研究している台本について話す。それも、あまり単刀直入に訊くのではなく、タイミングをみて「こんなふうに読んでいます」というふうに話題を振り、作者の反応を見ながら答え合わせをすることができた。こちらが正鵠を射ると、唐十郎は饒舌になる。そういう時間も過ごしながら、ずっと台本を読み解いてきた。

【4】唐十郎メモとの対話から

私は二〇〇一年四月に唐十郎ゼミナールに入って以来、演出をしてきた。二〇一二年六月に唐十郎が大怪我をして療養に入る頃まで、劇団唐ゼミ☆の上演には常に「作・監修 唐十郎」がクレジットされてきた。この「監修」とは何か。まず、演目についての相談役である。次回公演ではどの台本を上演するのか。私が候補を並べ、唐十郎本人と話し合いながら演目を決めてきた。加えてもう一つ、通し稽古を唐十郎に観てもらい意見を受けること、これが重要だった。この時の唐十郎の意見については、通し稽古を観ながらメモを取ってもらい、稽古終了後に車座になって話をするスタイルをとってきた。だから、私の手もとには各演目に対して唐十郎が寄せた手書きメモが残されている。時期によって稽古の臨席回数は変わるが、二〇〇一〜二〇一二年まで約十年間の堆積がある。

ここでは特に、二〇一〇年七月に浅草で公演した『蛇姫様わが心の奈蛇』のメモを例にとり、初日目前の通し稽古ついて唐十郎が何を気にしたか、私がそのコメントをどう受け取ってきたのかを紹介したい。日付は二〇一〇年七月一日。特に三幕について唐十郎が寄せた言葉を紹介し、私の受け止め方を述べることにする。

唐十郎メモより：二〇一〇年七月一日「蛇姫様」舞台稽古

三幕　紅笛

87P．小林の歌はステキ〈急に上手くなったみたい〉

129P．伝次のミュージカルは派手です

131P．バテレンの藤村泰造風をよろしく。過去のひも解きは、おもしろく聞こえるのだから。

132P．伝次たち悪党の痴呆化は何だ⁉

135P．李東順の影とは？

136P．交通整理の男の、笛吹はケジメか？

138P．あけびの〈血結がりの者の仕方〉の語りは力あり

139P．蛇男の宙まい上がりの、尾はヌルリとしている

143P．あけびの〈あやかり宣言〉は、浅草の夜気を抜

けていく。（ページ数は唐ゼミ☆作成の上演台本による）

終盤である三幕までくると、劇が勢いを増すのに合わせて唐十郎の筆が弾んでいる。「87P. 小林の歌はステキ（急に上手くなったみたい）」「129P. 伝次のミュージカルは派手です」というユーモラスなコメントに笑ってしまう。

一方、劇終盤の展開に唐十郎自身が「132P. 伝次たち悪党の痴呆化は何だ!?」「135P. 李東順の影とは？」「136P. 交通整理の男の、笛吹はケジメか？」と「！」や「？」を連発しているのも興味深い。このあたり、ヒロインの「あけび」が物語を通じて追い求めてきた「父親殺し」の謎解きが行われ、劇のクライマックスに向けて急激な伏線回収を行う箇所だが、ややもすると作者が強引にまとめすぎている難所だ。それについて、唐十郎本人が驚いているのが面白い。こういう急転直下なところを唐突に見せないように凌ぎ、説得力を持たせて観客が受け取りやすくするのも現場の役割である。あるいは、あえて強引さを前面に押し出して力技で攻めきる場合もある。いずれをゆくにせよ、劇の勘どころだ。

その直前の、「131P. バテレンの藤村泰造風をよろしく。過去のひも解きは、おもしろく聞こえるのだから。」は、役者の力不足が気になったのだろう。ここは俳優の地力の問題だから、私としてはもう一日特訓して初日を迎えようと決意する。「139P. 蛇男の宙まい上がりの、尾はヌルリとしている」というコメントを受けて、さらにヌルヌル見えるようにするためにはどうすれば良いか、舞台監督と相談する。最後の「143P. あけびの〈あやかり宣言〉は、浅草の夜気を抜けていく。」は現場への大きなエールである。この演目は熱気のこもった大長編だが、最後には、この街を抜ける爽やかな風であれ、と唐十郎が私たちの背中を押している。座組の一人一人がこういうコメントを受けて、初日に向けて自分自身にネジを巻くのだ。

以上、全一四三ページの上演台本に対して、唐十郎がページ番号を振りながら丁寧にとったメモを紹介しつつ、私の所感を述べた。紙面の都合で一幕、二幕も紹介出来ないのが残念だが、こうした対話を通じてやってきたし、さらに、通し稽古後の居酒屋でも話をしてきた。この時の会話はさらに細かなものになり、作者としての自画自賛を混じえつつ（笑）、全体に緻密な振り返りだったことは一貫している。私としては、唐十郎が皆を前にして話をするときには緊張や配慮といった構えがあるし、個別にリラックスして話を伺った方がより本音で語ってもらえるという期待もあった。そうして引き出した指摘をもとに、深夜に現場に戻って初日への対策を練る。翌日は、公演直前の稽古を行う。「監修」とはこのようなものだった。

【3】でも触れたことだが、普段の唐十郎は自作について説明しない。しかし、一九九七年以降大学の教壇に立ち、特にゼミナールが始まってからは創作の現場を通して自作について話し合う、あるいは、稽古や日常会話の中から寄せられる私の質問に答える、というやり取りが、唐十郎にとって無理なく、自然に行われるようになった。結果的にそれが、私も含めた世代を超えた者たちの上演、将来の演劇人が唐十郎作品にアプローチするための準備につながったのではないか。こうした経験が、未来の演劇人への触媒となることができたら嬉しい。

【5】読む→上演に至る時に大切な構え

【1】から【4】を通じて、読むもの、読み解くことができるものとして唐十郎の台本に向き合うおもしろさを実感するほど、唐作品は時代と世代は越えるはずだと確信する。この論の締めくくりとして、公演に至るためにいつも自分が考えることを記したい。

台本選びは愉しくも怖しい作業である。その際に私がいつも心がけるのは、自分と座組にとってその台本が切実であるかということ。いかに台本と私たちの実人生が交差できるかが舞台に力を与える。

先日（二〇二四年七月）の『少女仮面』上演の際、劇団の創立メンバーの一人である椎野裕美子のカムバックを強く意識した。六年半ぶりに舞台に立つのだから、作品は椎野に起きた加齢や子育ての経験が活きる物語、キャラクター、せりふにしたい。それが『少女仮面』であり春日野八千代だった。多くの唐作品のヒロインは若手女優向けに描かれているが、『少女仮面』は珍しく「老い」がテーマのひとつでもある。さらに、宝塚のスターを騙り、実際には夫婦で陽の目を見ない劇団を細々と経営し、喫茶〈肉体〉で内弁慶を決め込んでいるボーイ主任と春日野の関係は、極端にいえば私（中野）と椎野の関係にもつながる。

加えて、唐ゼミ☆版の上演では次のような工夫を凝らした。ラストシーン、ヒロインの春日野八千代は孤独に沈むことなく、劇冒頭で老婆が歌う劇中歌「時はゆくゆく」を歌う。テント上演を始めて以降の唐十郎作品の多くはいつも終幕において希望を語る。その伝でいけば、従来の『少女仮面』最後のせりふ「あたしは、何でもないんだ！」もまた、字義通りに自分が女優であることを放棄するのではなく、そう言いながらも女優や演劇の道にしがみつくせりふとして、私は受け取っている。それを拡大して、唐ゼミ☆版では「時はゆくゆく」を加えた。あの歌詞に込められたメッセージとは、老婆さえも少女に変身させてしまう舞台の力＝「Uターン秘術」に他ならない。私たちは「Uターン秘術」を必要として『少女仮面』上演を決めた。春日野のように私たちも再生することを願った。

劇の内容と劇団の状況をシンクロさせることは、プロモーションにもつながる。観客が開演時間にニュートラルに客席に座るのではなく、公演を行うと発表した時からある物語が共有され、観客があらかじめ公演の味方や応援団になっている。そういう興行を仕立てるのも唐十郎の得意技だ。あらゆる舞台を観客が切実に、熱狂的に受け取るために、創作のドキュメント部分にも注力する。舞台を観なかった人たちにさえ、公演の力が伝わるように。最後にこのことを強調して今回の論を閉じ、唐十郎作品に向き合うための方法論を世界に開きたい。

（劇団唐ゼミ☆主宰・演出家）

*読解

未完の〈もの・がたり〉

小説を書く唐十郎

樋口良澄
Higuchi Yoshizumi

1

唐十郎はもちろん劇作家であるが、重要な小説を何作も遺した小説家でもある。芥川賞を受賞した『佐川君からの手紙』を始め、『下谷万年町物語』や『朝顔男』／『夕坂童子』のように連続して小説と戯曲を書き、戯曲を考えるためには小説を読み解く必要がある場合もある。それどころか、彼が初めて書いたのは小説とシナリオだった。長い間彼の第一作は状況劇場発足時の『24時53分〝塔の下〟行は竹早町の駄菓子屋の前で待っている』（一九六四）ということになっていた。しかし、二〇一八年、唐の大学時代に書いた小説『懶惰の燈籠』がシナリオ『幽閉者は口あけたまま沈んでいる』とともに、先輩のシナリオ作家布勢博一のもとに預けられていたことが判明した（二作は「文藝」二〇一八年冬号掲載、発見の経緯は樋口による解説参照　一部この原稿と重複あり）。

唐の全体像は、今あらためて、問い直されなければならないだろう。本稿では、小説を通して、唐十郎を考えてみたい。

唐の全体を考える場合、彼を突き動かした大きく二つの衝動があったと考えるべきではないだろうか。一つは戦争体験の闇から、現実の戦後を拒絶し、異なる〈戦後〉を探ろうとすること。もう一つはこれに接続し、現在を激しく否定し、現実に切り込んで行こうとすること。この二つの結節点に、演劇活動でいえば状況劇場から唐組の結成、作家活動でいえば芥川賞受賞からの本格的な小説執筆が微妙に絡んでくる。しかし外的な状況は、表現者が自分を内破しようとしたとき、後からついてくるものにすぎない。作家の動きを内在的に見ていくことで、作家が意図しなかったものまで含めてその表現の深層を捉える必要がある。まずは唐の出発、大学生の時書いた小説『懶堕の燈籠』から見ていこう。それは下宿に越してきた「僕」が見つめる、雨の音から始まっている。

〈ポテポテポテポテポテポテ…………

トゥカトゥカトゥカ…………

ティッティィッティィッティィッ…………

タッタッタタタタタ…………

眠くなってくる。

これは一つの催眠術か。〉

書きたかったのはこうした雨の音なのかと思いたくなるくらい、冒頭の平衡を破って雨の音が描写される。そして「僕」は、床の隙間に原稿の束を見つける。「懶堕の燈籠」というタイトルが付けられた、ほぼ一年の日記。その「日記」も雨の記述からはじまる。「しとしとと降りつづく雨の如く、俺の心の穴ぐらは暗く、誰も居ない。侘しいよと思ってもどうする術もない」。繰り返し書かれるのは「虚しい」「無意味」という述懐。太宰治か葛西善蔵のような私小説的世界が展開する。

この虚しさを抜けだす可能性として年上の女性「藤巻さん」への恋が生まれるが、彼女が当時は不治の病だった結核にかかっているということがわかり、「俺」は再び「虚しさ」の方へ呼び戻される。「凡てが永遠に終わっている」藤巻さんに「俺」はやはり立ちすくみ、「生きてりゃいいんだ」とつぶやく。

「凡てが永遠に終わっ」た世界。登場人物は、いずれもこの静止した空間に幽閉されている。あるいは、内部に静止した空間をかかえこみ、たえずそこに引き込まれ、動けなくなっている。

現実の一九六一年の唐十郎／大鶴義英も秘かに「静止した世界」をかかえていたのではなかっただろうか。しかし、それを内側から食い破って表現する方法は、まだ見出せなかった。彼の周囲にあったリアリズム演劇や政治は、意志や意味を前提としており、それを持たない虚無を表現する方法ではなかったし、別の何かと虚無を構造化する着想をまだ持てなかったからである。その状態をそのまま私小説の構造を使って書いたのが『懶堕の燈籠』だろう。

虚無の中にいたことは、戯曲に向かっても変わりはなかった。この雨は形を変えて、状況劇場のために書いた第一作『24時53分〝塔の下〟行は……』冒頭に登場する。

〈老人A　なんてじめじめした陽気だろう
老人B　なんてじめじめした陽気だろう
老人A　なんて言った?
老人B　なんてじめじめした陽気だろう。お前はなんて言った
老人A　なんてじめじめした陽気だろうって。〉

この二人の老人は自殺するために町にやってきた。「なんてじめじめした陽気だろう」、同語反復としか言いようのない無意味な会話が繰り返される。しかし「じめじめ」、つまり水の気配は、虚無の幻想への入り口なのである。

『24時53分……』から続く、『渦巻は壁の中を行く』(六四)も『煉夢術』(六五)も、のちのダイナミックな唐世界から比べると、驚くほど静止している。出発した時点の唐は、虚無を抱え、立ちすくんでいた。虚無に対して距離がとれ、戯曲を構造化することを実現するのは、「ジョン・シルバー」や「お仙」といった、虚無と現実を動き回るキャラクターを創造してからである。その時、水は、ジョン・シルバーの「海」、つまり彼方への通行路に変わった。

澁澤龍彦は、「水の詩人」と唐十郎を称した。彼の舞台にはしばしば水が登場する。時に舞台に水槽が持ち込まれ、水中に潜ったりする。『秘密の花園』や『下谷万年町物語』のように、舞台に大量の水が仕掛けられることもある。だが彼の原点では、水は虚無への入り口だったのである。

2

唐が抱えていた虚無は、戦争体験と無関係ではないと私は考えている。自筆年譜によれば以下のような記述がある。

「B29が東京の空を偵察に来て、都内の空襲をさけ、福島県に疎開した。隣の豪農の杏の落ちるのを垣根ごしに一日中待つこともあった。(中略)疎開先の福島

で弟、栄養失調と肺炎を患って死亡」(一九四四)。「夏、疎開先の福島から家財道具一式を持って父は大きなリックを背に闇屋横行する満員列車を母と兄と焼野原の万年町に帰る」(一九四五)。

三月十日の東京大空襲で隅田川一帯は壊滅した。上野から隅田川までの町は消え、瓦礫が散乱した焼け野原だった。一家は、空襲をさけ、福島県富岡町(現在は福島第一原子力発電所の事故で、立ち入りが禁止された区域に指定されている)に疎開してその被害には合わなかったが、一家は末の息子、唐十郎にとっては弟をそこで失っている。

疎開したことで、唐自身は空襲を体験しておらず、惨状を具体的に知らないまま東京に戻ってくる。遊んでいた路地が、家並みが消え廃墟となった生地。現実が反転するということが幼い唐の心に刻みついたはずだ。虚構と現実の接続という彼の方法の原点はここにあると私は考えている。

隣の農家の杏が落ちるのを見ていたという記述は、もちろん飢えからだ。食料不足のため弟は命を落とした。それも徐々に衰弱し、なすすべもなく、兄が見守る中で。焼け野原の下町と弟の死。それが彼の体験であり、やがてその街が復興するのを見て、戦後への違和感を抱いたのではないか。

沖縄、韓国、バングラディシュ、レバノン・シリアのパレスチナ難民キャンプへの旅には、いろいろな理由があるだろうが、唐の底には戦後復興への違和感と現在の「戦後」とは異なる「戦後」を求めようとした志向があったのではないだろうか。別の戦後としての「海峡」、「満州」、「アジア/ユーラシア」。それは韓半島/日本列島への新しいビジョン(『二都物語』など)、満州という異なる「戦後」(満州が登場する一連の戯曲)、アジア/ユーラシアとの新しい関係(『ベンガルの虎』『パレスチナの又三郎』など)として戯曲に込められていると私は考えている。

この戯曲の展開を追うように、三〇歳(一九七〇年)前後から、小説が本格的に書かれていく。最初期の小説、『銀ヤンマ』(『謎の引越し少女』所収、学藝書林、一九七〇)を見てみよう。敗戦直後の焼野原となった上野を舞台に、物語ははじまる。

〈上野の山の下、夏草が茂る焼野原におびただしいほどの銀ヤンマが飛び交う。私はその時、ぬれたままの海水パンツをぶらさげて隅田川プールから帰ってきたところで、夕陽の中をよぎる銀ヤンマの数がそこだけ多いので、何故か不吉な兆しが、その原っぱに私をくぎづけようとしているのだと察した。そのころの私は、東北の疎開地から都電の走り出した東京の下町に帰ってきたばかり。〉

〈上野の山の下にある下谷万年町は、そのころ、オカマの巣窟で、私の家は、その長屋の角の八ツ手の植わった一軒であった。母は戦前、風呂屋の娘で、父は酒乱で、酔うと玄関のガラス戸を開けずにとびこんできて、長屋に火をつけると喚いた。〉

敗戦直後の自暴自棄となった家族の様相が描かれた冒頭、これはほとんど事実に近いのではないだろうか。一家をおそった外と内の死の影が、小説『銀ヤンマ』の始まりにあるように私には思える。五歳の少年に、敗戦の複雑な意味を理解することは難しかったろうが、焼け野原に驚異と虚無感を植え付けられたことはたしかだし、闇市や復員兵、男娼や娼婦たちなど、したたかに蠢く風景は、強烈な印象を残したはずだ。

しかし、『銀ヤンマ』の記述は、戯曲のセリフを会話とし、ト書きを膨らませ情景描写としたような、まだまだ戯曲の小説化にすぎない。初期の小説は、自伝的事実を触媒にしてはいて、上野や浅草の記憶、金粉ショー・ダンサーやセールスマンとして働いた体験が描かれる。『銀ヤンマ』から『朝顔男』までの小説全体を読むと、フォークナーが南部の町を、中上健次が紀州の町を書き続けたように、唐十郎は、上野・浅草を、書き続けている。これを唐の「上野・浅草サーガ」と捉えてもよいかもしれない。もちろん、高島平（『マウント・サタン』）やパリ（『佐川君からの手紙』）など、下町でない場合もあるが、そこに登場するのは、狭い路地、吹きだまりのような場末にうごめく人間模様であり、場所が変わっても唐の幻視する下町なのだ。

だが、それは単なる回想ではなく、路地を曲がると違う風景があらわれるように、突然、幻想世界があらわれる。唐の下町は、彼によってつくられた虚構の「下町」だ。紙芝居、見世物、演芸、祭りといった様々なスペクタクル、屋台、駄菓子屋、食べ物屋、古着屋などの店や品物、芸人や売人、ジャンキーたち……浅草は、少年時代、江戸川乱歩らの少年小説やラジオ・ドラマなどとともに、唐が創造する物語の要素にあふれていた。初期の『少女と右翼』（一九七二）、『虹疾風』（一九七四）のように、「語り」を前面に出し、奔放に展開する物語が読者を引き込んでいく書き方は、少年小説や紙芝居の語りの記憶に重ねるようにして書いたのだろう。唐の〈もの・がたり〉の発動は下町を見つめ、別の「戦後」を幻視することで発動した。

戯曲を書くとき、彼自身「声を追いかけて書く」と語っているように（『演劇曼荼羅──唐十郎の世界』読売新聞、二〇〇九）、戯曲も小説も、登場人物を創造し、語らせ、それを書くという方法だった。それらのキャラクターは、しばしば現実の役者に重ねられ、役者を登場人物に当てて書く「当て書き」が行われた。

小説も、「日常の中の小さな情景、匂い、音の中に入って行くことから物語がはじまっていく」（同）と語っている。「もの」や「風景」の語りを聞くところから物語が発動する。まさに〈もの・がたり〉である。一九七八年、『海星・河童』で泉鏡花賞受賞。一九八〇年、『下谷万年町物語』も「海」に掲載。一九八二年、『佐川君からの手紙』を「文藝」に掲載。八三年芥川賞受賞。この階梯は外側からの小説家・唐十郎の評価であるが、ここで彼は内側から変貌を遂げていたのである。〈もの・がたる〉過程を虚構世界に導入し、現実の「私」、作中の「私」に加え、語り手としての「私」を登場させ、現実を語りとして〈もの・がたり〉化する書法に入っていったのである。

3

「雨があがったのに、光は斜めに木の葉の間を縫っているのに、あなたはその木の下に蹲ったまま立ち上がれないでいる。耳を打つ通り雨の音を、濡れそぼつズボンの裾の冷たさを感じながらそこに居竦んでいる。ほの暗い森の中で、通り雨の時間を普通以上に味わっている。もしも、事件がそのようなものでないとしたならば、あなたは、日本でよく言われる『魔がさした』……『魔がさした』時間の中にいたのだろうと」。『佐川君からの手紙』（一九八二）の冒頭、作中の「私」はパリにいて、「あなた」と書かれる、殺人事件の実行者「佐川君」と連絡を取ろうとしている。通り雨を木立の中でやり過ごす「あなた」を想像し、「あなた」の殺人の際の心の動きを思う記述である。雨として現れる、得体の知れない夢魔。「わたし」は、事件を、「通り雨」に降られたような、「あなた」が「通り雨」の「魔」につかまれてしまったのではないか、と想像する。

この語り手「私」は、現実の唐十郎とは異なる虚構の「私」である。その語りが、人物や「私」の内面が生起する過程を描く。現実の「私」と語り手としての「私」を駆使することによって、メタフィクション的な表現を獲得している。〈かたり〉は「語り」であるとともに「騙り」でもある。現実を騙ることは、唐にとっては、虚構の「私」という役者による舞台を作る作業だったのかもしれない。

実はこの方法は、『雨の木の歌を聴く女たち』『新しい人よ、目覚めよ』以降の大江健三郎の、虚構の「私」を登場させる方法と近い。唐が、大江の小説をどれだけ読んでいたかわからないが、同時代的な照応としておこう。ただ、大江に関しては、大学時代に書いたシナリオ『幽閉者は口あけたまま沈んでいる』が、地下プールの記述など明らかに大江の『奇妙な仕事』と関連していて、その仕事を意識していたことは確かだろう。

そして、またしても「水」だ。最初期の「水」は、ここでも形を変えて登場する。通り雨に濡れる、静止したような時間、唐にとっての幻想の入り口を、「佐川君」の行為の入り口として描く。だが、「水」／虚無は書かれている世界とは違い、もはや作家を脅かすものではなかった。

唐は小説の文体をつかみ、旺盛に小説を発表する。実は芥川賞を受賞した八三年から、状況劇場の解散、唐組の結成を経る八八年まで、それまで自分の劇団に年一作書いていたリズムが崩れていて、小説に集中できた背景がある。もちろん一九八二年『秘密の花園』、一九八三年『黒いチューリップ』、一九八四年『あるタップダンサーの物語』、一九八五年『ジャガーの眼』、『ビニールの城』……と他劇団が繰り返し上演するような鮮烈な「名作」が続いているのであるが、これも小説の新たな文体を獲得したことと無関係ではないように思える。それまで「声を追いかけて」書いていた戯曲作法に、語りや劇構造をめぐる言葉の独自な力が加わるようになったからだと考えていいだろう。

自らの劇団の演劇活動は約五年間停滞したが、逆に外部の様々な演劇関係者や文芸関係者との交流、その現場への関わりは広がった。それらを通して、唐は「現在」に触れたのではないだろうか。戦後の闇から「現在」に切り込むことに野心と活路を見出したのではないかと思う。自らの劇団、テント公演という求心的なあり方で二〇年以上保った情動が転換する時が来たのだ。

そのもっとも象徴的な表象は、唐組出発にあたって作ったテントだろう（一九八八、『さすらいのジェニー』公演）。それは安藤忠雄設計で、当時資本主義の先端を走っていた西武流通グループの力を借り設営された。高く明るい天幕の下には、ゴージャスな（と見えた）シートが設置されていた。そこに「戦後」の闇はなかった。

4

唐の出発にあった虚無からの超出、異なる「戦後」の激しい探求は、八〇年代の変容する「現在」への問いに接続、転換した。八〇年代半ばから九〇年代にかけて、日本社会は高度資本主義、情報資本主義へ突入する。その状況への違和感が、これまでの戦後への違和感に接続し、展開される。

小説では、そうした社会の変容やそこに取り残された人々を書き続け（『電気頭』文藝春秋、九〇、『幻想劇場』朝日新聞、九七など）、それまであった自伝的要素は後景に下がった。取材にもとづき、他者を描く物語が展開されるようになり、小説としての幅が広がっていく。この八〇年代後半から九〇年代の一〇年間が、唐の小説にとって豊穣な時期だった。演劇ではその間試行錯誤が続いたが、小説は自由に現在と向き合い続けることができたのだと思われる。

その流れの果てに、上野浅草をモチーフにし、現在への違和感を探求した長編『朝顔男』（二〇〇九）が書かれる。そこで唐は小説表現の集大成を試みたように見える。並行して、演劇では東日本大震災・原発事故（『西陽荘』、二〇一一）など、最後まで「現在」に向き合おうとする姿勢を崩さなかったが、小説は、

『朝顔男』が本格的な小説の最後となってしまった。浅草の花屋敷、入谷の朝顔などが登場し、その片隅でひっそりと生きる奥山六郎を主人公とした新聞連載小説で、後半に池島炭鉱の労働のエピソードなど新たな展開を見せつつも終了している。炭鉱労働は同年上演された新作『黒手帳に頬紅を』にも重要なモチーフとなっており、大きな物語が始まる予感があったのだが、他にも試みていた作品とともに作家としての唐の未完結性として、未来に託したい。

唐の小説世界全体を考えると、大きく戦後文学、とりわけ引き揚げや疎開というカタストロフ体験が軸となった五木寛之、安部公房、小林信彦などとの比較考察は今後の課題として残されているだろう。その軸に、泉鏡花、江戸川乱歩、少年物語、夢野久作といった幻想の系譜が交錯するのが、唐の小説世界ではないか。〈戦後〉の闇から〈現在〉を問い続けるようになった後、探偵物や古典のパロディなど様々な方法を駆使しながら、小説を旺盛に書き続けた。舞台の制約や劇団経営の負担のない小説の執筆は、作家に大きな自由を与えたのではないか。九〇年代に戯曲を試行する中で、唐自身がシャブ中の探偵を演じる作品がいくつか書かれたが、小説の発想が戯曲を動かしたようにも見える。戯曲と小説にはイメージやエピソードが共通するものがあり、特に「小ノート」と唐が呼んだ取材ノートを見ると、両者を〈もの・がたり〉が交錯して発動していることも散見される（『夕坂童子』小ノートにおける『朝顔男』など）。唐が最後に連続して書いた戯曲『ひやりん児』（二〇一一）、『西陽荘』（二〇一二）、『海星』（二〇一二）は、劇構造の中に、これまでにない喩としてとらえられる表現が散見される。小説でもおそらく文体上の新しい試みを行っただろうが、それを読む機会は失なわれてしまった。

（批評家）

＊短歌

下谷万年町物語・序説

福島泰樹
Fukushima Yasuki

I

四谷鮫ヶ橋芝新網や万年町、三大スラムと呼ばれ風吹く

焼跡の草原《くさはら》とおく陽炎ろうてアイスキャンディー屋の自転車がゆく

ギンヤンマ飛ぶ焼跡に穴を掘る　死んだ弟の指埋めるため

唐十郎、本名大鶴義英

浅草六区瓢箪池の亀に似て寝転がってる半ズボンめが

車夫羅宇屋空瓶買いや蝙蝠の直しが集う棟割長屋

コールタールを塗りたくった屋根と壁、幻燈館たあ俺の家だよ
フイルムは俺の心の井戸ふかく捻れながらに垂れ下がってる
三畳の窓の向こうの日溜りに白衣義足の傷痍軍人
黒煙は陸橋を呑み　機罐車は闇屋で溢れ疾走しゆく
揺れているのは上野の森よ首縊り　銀杏の実の熟れて落ちゆく
万年町八軒長屋の暗がりに玄界灘が渦巻いていた

Ⅱ

坂本小学校三年の担任はロイド眼鏡の女教師の滝沢先生
黄金バット滝沢先生去りしのち大鶴少年　風の校庭
昭和二十三年十一月二十三日、夜の上野公園
男娼に殴られ警視総監の　もっていかれた帽子の行方

お春さん見上げてごらん犬印安産帯が空を飛びゆく

通り過ぎた時間の空気抜いてやる注射器、菊の　尻に咲く花

ヘッドライトの上に設《しつら》う一角獣《ユニコン》の　遠吠えならん春の自転車

〽時はゆくゆく乙女は婆ァに……

純白のスーツ口髭山高帽　海ほうずきの歌をうたおう

浅草の弁天湯に咲く花は黒薔薇、ジョン・シルバーの歌

血管がバンドであれば肉体はズボンとなって突っ立っていよ

山伏町万年町の境目の三角公園で待っていますわ

Ⅲ

李礼仙、波間を焦がす情炎の妖しく炎える花かと思いき

友愛の掟は捨てた莫逆の　魔都吹き抜けてゆけこの風喰らい

因果律の逆蝦固《ぎやくえびがため》宙返り　唐版「風の又三郎」は

「存在と所有」を問えば肉体の　カニバリズムの闇の陽だまり

肉体に忿怒《ふんぬ》を封じ負を封じ　唖のことばを打《ぶ》ちまけてやる

金魚鉢に赤い尾を曳き揺れている切り落とされた耳かと思う

お化け煙突物語

メチールで潰れた目玉拭いていたお化け煙突、霧らう夕べを

焼跡の鉄路の涯をどこまでも夢の玉の井　慰問隊はゆく

レールに熱く耳押し当てて聴いていた荒川ゼロ地帯　その先ゆかず

骸骨のような空洞からっかぜ土方巽、蛇の眼をする

Ⅳ

浮かんではまた消えてゆくうたかたの灯心《とうずみ》とんぼのような哀しみ

故郷《ふるさと》は鬼火飛び交う古河原　万年町の井戸は覗くな

五月十三日、雨の堀ノ内斎場

粛然と君は眠りて胸にバラ　黒いフェルトの御釜帽子よ

在ったかもしれない密かな関係に指絡ませてさよならをする

ヒロポンのカプセル拾い引き返す万年町も雨かもしれぬ

唐さんは、中原中也を「なかはらなかや」と発音した

ほらほらこれがぼくの骨だよ白波の　帰りてゆかな自転車を押し

手を振っているは甚八、李礼仙　賽の河原に紅テント見ゆ

迷宮《ラビリンス》、黄金バットいまいづこ　唐十郎や赤いプロペラ

*俳句

ノックせよ——唐さんに

間村俊一
Mamura Shunichi

二〇二四、五、五
うぐひすやラジオ未明のその訃報

一九七三、六、九、京都はベンガルの虎
そも〳〵は薫風西部講堂前
かき氷おこそ頭巾とシスターと
行李の中は入谷朝顔市です先生

すつかり嵌つてしまつて
くちなしも稽古場も占據せよ諸君！

唐版風の又三郎
西日中ふたなりあれは又三郎

役者紹介、柩に入つたまゝ
ご當地は小林薫滴れり

ふたりの女
夏帯のアオイ六號室は空《から》

畫集『ジョバンニ』に原稿を賜つた
少年もキシ〳〵鳴つて明易し

稲荷卓央に
鐘ヶ淵夕燒《ゆやけ》枕にオルフェウス

佐川君からの手紙

短夜のアパルトマンをノックせよ

藤井由紀に

蒟蒻のヒール西日のルージュ引け

坂本小學校もなくなつて

白靴の黒板舐めに來る女

久保井研に

含《がん》羞《しう》の男なりけり胡瓜揉む

二〇二四、五、十三、通夜

春時雨して焼鳥も涙《なんだ》かな

結局攫はれたまゝ、であつた

讀み捨ての御免下さいおぼろです

*エッセイ

「芝居っけ」にあっけにとられた

山内則史
Yamauchi Tadashi

始まりは三人がかりで書いた「ファンレター」だった。二〇〇〇年春、新聞社の文化部で文芸担当になった私と、ほぼ同時に同じ部署に来た三つ下の記者を前に、先輩の文芸記者が言った。「君たち、会いたい人はいる？ 手紙を書いて会いに行こうよ。実現するように、おれも書くからさ」。手紙を出した相手は四人。中のひとりが唐十郎さんだった。

学生時代、私は唐さんの舞台に強くひかれていた。初めて新宿・花園神社の紅テントに足を踏み入れたのが一九八四年『おちょこの傘持つメリー・ポピンズ』。異界へ引き込まれるような、恐ろしいような興奮があった。翌春に寺山修司へのオマージュ『ジャガーの眼』、秋には唐さんが第七病棟に書いた『ビニールの城』を見た。入社後、地方勤務を経て東京に戻ると状況劇場は劇団唐組に変わっていたが、以後も細々とながら紅テントを見ていた。

手紙にはそんな観劇体験を書いたと思う。一方、私たちをあおった先輩は「なかにし礼さんの直木賞受賞式の二次会で、唐さんの向かいに座った記者です」などと、かなり微弱な「コネ」をつづっていたものだから、唐さんを引っ張り出すのはまず無理だろうと思っていた。ところが唐さんは、快諾してくれたのだ。私たちは四谷三丁目の、とあるそば屋で歓談した。唐さんは歯を見せて、にかっと何度も笑った。これがきっかけで、唐さんとの仕事が始まった。後に唐さんは私たち三人を「読売三銃士」と呼ぶようになった。

最初に唐さん宅を取材で訪ねたのは、同じ年の九月。文化面の「21世紀クリエーター」なる連載企画で「歌舞伎町の女王」などでブレーク中だった椎名林檎さんのビデオクリップを唐さんに見てもらいコメントをいただくミッションだった。これも相当な無理筋だが、唐さんは快く自宅に招き入れ、「迷宮の前で立ちつくす少女、あるいは巫女」「おぞましいものと汚れないものとのきしみの間をどう通り抜けていいか分からず、悲痛にうめき、あがいている。都市におけるすべての悩み、痛みを引き受けて歌う。聴く人は、あっ、これは自分のことだと思うんじゃないでしょうか」などと批評してくれた。

その時、映像の中にスタントマンが出てくるのを見た唐さんが「僕はスタントマンってのが好きなんですよ」と語ったのも印象に残っている。直後の公演（タイトルは忘れた）でスタントマンの話が劇中に出てきてびっくり、二〇〇五年にはスタントマン事務所が主舞台となる「鉛の兵隊」（二〇〇五年）を見て二度びっくりした。因果関係は定かでないが、ほんのささいなことが、作品の端緒になってしまう。作家・唐十郎の恐ろしさを感じたのは、この時が最初だった気がする。

次の取材は二〇〇一年二月一〇日、連載企画「私のいる風景」のインタビュー。作品の原点になった場所などに引き寄せて創作について語ってもらう欄だった。取材日を覚えているのは、唐さんと同乗した車のラジオから、宇和島水産高の実習船「えひめ丸」が米原子力潜水艦と衝突したと速報が流れていたからだ。

唐さんはその日、「都市の穴」をキーワードに、終戦後の上野の地下の記憶へとつながる話をしてくれた。川沿いを自転車で走ると、川に注ぐ排水口の穴が気になる。「あの穴から、ゴミになった自分があふれ出してきたら、なんて考えてしまう」「テントっていうのは、地下から這い出した穴のようなものだと思う」。写真撮影は、新宿の思い出横丁へ。カメラを前に唐さんは、煤けた建物の陰に素早く身を潜め「あの女、まだ出てこないな」。一瞬張り込み中の尾行者の鋭い眼光で写真に納まった。一瞬炸裂した「芝居っけ」にあっけにとられたが、今思えば、あれが唐さんだった。

路地を歩き、低い目線で人間を見つめ、劇のかけらに出くわす。唐さんの中で、それは役者のための言葉たちを呼び寄せる。役者たちは紅テントの中で、唐さんの言葉を生きる。言葉が役者たちの肉体に命を吹き込む。そんな奇跡の瞬間を、唐さんは何度となく見せてくれた。「都市におけるもう一人の役者」としての紅テントは、唐さんなき後も、呼吸し続けるのだろう。

（読売新聞社文化部記者）

＊エッセイ

真ん中で、仁王立ち

小堀純
Kobori Jun

「唐さんの本が間違えて並べてあったよ」

そう私に教えてくれたのは劇作家の北村想だった。一九七六年頃のことだ。想さんは笑っていたが、少し怒っているようにもみえた。

名古屋市中区にあったその書店に行ってみると、確かに唐十郎の『煉夢術』（中央公論社）がある。だが、唐さんの本の横にあったのは陶芸家・加藤唐九郎の本だった。

書店員は唐十郎のことを加藤唐九郎の弟子か何かと思ったのだろうか。私は唐さんの本を文芸書の棚に持っていった。一九七〇年代の名古屋はまだそんな空気だった。

当時の私は「プレイガイドジャーナル名古屋（通称プガジャ）」という、吹けば飛ぶよな情報誌の演劇担当だった。北村想を筆頭に、東海地方で活動する演劇人を紹介すると同時に、名古屋へやって来る劇団の公演紹介、制作協力もしていた。

名古屋を訪れる劇団には、七ツ寺共同スタジオを始めとする小劇場の紹介から新聞社廻り、チケットの配券なども協力していた。テント劇団など、野外公演をする劇団は何より場所の確保が難しい。神社仏閣の境内、河川敷、公園など、どれも諸条件が厳しい。幸い、名古屋市の公園管理担当と信頼関係ができてからは名古屋市中区の白川公園で野外公演ができるようになった。七九年の黒テント『ブランキ殺し　上海の春』を皮切りに、以降、八二年の春まで様々なテント劇団の

『鉛の兵隊』（2005）　撮影・櫻井宏

制作協力をするのだが、最後の仕事となったのが、八二年五月の状況劇場『新・二都物語』だった。

状況劇場＝紅テントを初めて観たのが、七二年の『二都物語』だったから、これも何かの縁かもしれないとその時は思っていた。情報誌の仕事をするようになり、初めて状況劇場の制作協力をしたのが、七七年の『蛇姫様　我が心の奈蛇』、それから五年後のことだった。

『新・二都物語』の名古屋公演が無事終わり、ほっとしていると不破万作さんが、

「大阪行くんだって、今までありがとう」

と餞別と一緒に一冊の本を渡してくれた。餞別もほんとうにありがたかったが、唐十郎と李礼仙のサインが入った写真集『唐組　状況劇場全記録』（PARCO出版）は一生の宝物である。

大阪へ行った私は、名古屋以上にハードコアな大阪プガジャ時代を経て、八八年から無宿編集者となる。そこからは再び演劇が主戦場となってしまい、季刊『劇の宇宙』の編集など、九〇年代から二〇〇〇年代

にかけては演劇現場と伴走することになる。とりわけ大きかったのは、扇町ミュージアムスクエア（OMS／八五〜〇三）と精華小劇場（〇四〜一一）だ。OMSは関西演劇シーンの拠点であり、近隣の扇町公園での野外公演もサポートしていた。精華小劇場は、廃校になった小学校の体育館をリノベーションして「劇場」にした施設であり、元学校だから、運動場がある。OMSの相談役から精華小劇場の企画委員代表となった私は、二〇〇五年の『鉛の兵隊』から閉館する二〇一一年の『ひやりん児』まで、唐組の公演を精華小劇場（運動場）に誘致する――。

精華小劇場は大阪ミナミのど真ん中。戎橋筋商店街にほど近い、何ともわい雑な土地柄で、そこは唐さんも気に入ってくれたと思う。ある時、唐さんと劇場近辺を歩いていて、通称裏ナンバ、レジャービル味園《みその》の前に来ると、

「小堀くん、ここ、ぼく来たことあるよ」と唐さんが言う。味園の地下には、かつてキャバレーがあった。

「唐さん、金粉ショーですか？」と訊くと、

「うん、李と来たな」

唐十郎と李礼仙の金粉ショー。ステージが眼に浮かんだ。

唐組といえば、夜は打ち上げである。忘れられない一夜が『夜壺』（二〇〇〇）の初日打ち上げだ。この時は精華小劇場はまだオープン前だったが、公演は精華の運動場だった。宴もたけなわの頃、大阪の劇団犯罪友の会の武田一度《いちど》から唐さんに「飛田演劇賞」が渡されることになった。その賞は武田はじめ関西の演劇人有志が作っている。唐さんにその事を伝えると、

「よし、じゃあ、真ん中でもらおう！」と、車座の人々を押しのけ、仁王立ち、満面の笑みでその賞状を受け取った。

「唐さん、役者やなあ」

宴席は万来の拍手。賞状には「最優秀前衛賞　唐十郎殿」とあった。

（無宿編集者）

＊エッセイ

唐十郎と「漂流体」としての紅テント

伊藤真紀
Ito Maki

今春（二〇二四年）の劇団唐組による公演ツアーの最後の舞台は六月の長野だった。古くから庶民の信仰を集めた善光寺に近い城山公園で行われた『泥人魚』の千秋楽を観に出掛けた。五月四日、神戸から始まった春公演が新宿花園神社にきた初日の朝、唐十郎氏逝去の報を受けて、信じられないまま、唐組の座長代理をつとめてきた久保井研氏による報告をインターネットで視聴した。突然のことで事態をなかなか受け止められずにいたが、久保井氏が話しているその背後のテントの紅い色を見つめつつ、漠然とであるが、唐十郎氏が半世紀以上をかけて創造してきた独自の演劇世界の大きさを感じると同時に、唐組の春の公演へ、エールを送りたい気持ちでいっぱいになった。

劇団唐組は、東京公演の前、神戸、岡山を経て長野で春公演の全ツアーをみごとに完走された。最終日のテントのなかでは観客の熱い視線、そして掛け声が役者に向けられていた。終盤、舞台後方が開くと、照明が背後の濃く深い緑の闇を照らした。芝居が終わり、恒例の役者紹介があり、久保井氏が挨拶をすると、舞台は長野公演を支えた観客の皆さんからの、ひときわ大きな拍手につつまれた。久保井氏の言葉のように、今年の春公演の千秋楽も、唐十郎氏がテントにやってきて見守っていたように思われる。終演後のテントで、唐十郎氏を偲び献杯をしてからテントの外に出て歩き出すと、東京とは違い、周囲には真っ黒な闇があった。さきほどまでのテントの中の賑わいとは対照的に、静寂のなかに目に見えぬ土地の精霊が潜んでいそうだった。その先の道へと、唐十郎アーカイヴの若いスタッフが、東京までの夜行バスの乗り場に向けて走って行く後ろ姿を見送りながら、こちらも少し足早になって、善光寺の山門に続く参道へ出て、そこから大寺を背にしながら、坂をゆるゆると下って宿に戻った。

唐十郎アーカイヴは、まもなく設立から十年を迎える。唐十郎氏は、二〇〇六年に母校である明治大学の特別功労賞を受賞され、二〇一二年四月に文学部の客員教授に就任された。実際に演劇学専攻で「演出論A」等の授業を担当されたが、五月に自宅で転倒事故にあい、以後療養生活に入られることとなった。その後、二〇一五年に、唐十郎氏から、明治大学へ資料寄贈のご希望があり、文学部に唐十郎アーカイヴが設置された。寄贈・寄託された資料を合わせると、全体で九〇〇〇点ほどの点数となり、現在は、劇団唐組からの寄贈も含み、アーカイヴの所蔵資料の点数は一〇〇〇〇点を超している。筆者は数年前からアーカイヴの運営委員を担当することとなり、それ以来、劇団唐組の「猿楽通り沿い特設紅テント」会場（明治大学駿河台キャンパス内のコイン・パーキング）での公演を楽しみに拝見してきた。

毎秋の劇団唐組の公演会場として、「猿楽通り沿い」の大学の敷地にテントが設営されるようになる前、二〇一一年、お茶の水にある駿河台キャンパス内に劇団唐組の紅テントが立ち、唐十郎氏による『ひやりん児』の公演が行われた。もともと、この公演は水戸芸術館の広場で行われる予定だったのが、同地が被災したため「東日本大震災お見舞い公演」として同年の五月一四・一五日の二日間、開催された。劇団員の苦労により、紅テントが、「陽だまり広場」と名付けられた都会の中のコンクリートの谷間に出現した。

この公演で、唐十郎氏の姿を観たのは、私にとってほぼ三十年ぶりの「紅テント体験」だった。テントに入り、桟敷席を目にするやいなや、素早く靴を脱いでビニール袋にしまい、即座に自分の足腰にちょうど良いスペースを見つける、という二十代の頃、昭和末の一九八〇年代に覚えた「芝居」の観劇「作法」が体に甦ってきた。掛け声とともに、席を詰めるリズムは懐かしい。また舞台に大きな水をはった水槽が登場すると、桟敷席前方で観客が水を浴びる、その光景を思い出していた。

この時の大学の広報資料に、「『ヒヤリンコ』はお豆腐を売る男の話です。そしてそのオトーフは、水槽の中でゆれる漂流体です。そして、それは求めてくるある人にしか売らないものです」。「お茶の水の凪に、紅テントは、ヒラヒラと手招きします。唐十郎」とある。唐十郎氏の舞台における水槽とその水は、子宮や羊水といった命の根源に遡るイメージがあるだろう。そして「漂流体」とは、紅テントそのものでもあろうか。先日、過去の資料を読んでいたら、一九七五年（この年、能楽師らの「冥の会」が「メデア」を上演している。唐十郎氏の率いる状況劇場は、前年にパレスチナで公演をしていた）の『現代詩手帖』（九月号）に「能面の奥にあるもの――「肉体の石化状況」という文章に出会った。」「昨今の演劇人は能楽堂がお好きである。」「能楽堂に能はない。この都をふらつく素の顔の中に能面があるのだ。押し入れを開ければ、千の能楽堂がつまっている。」と書いている。

中世、観阿弥や世阿弥らを含めて寺社での奉納を続けていた能役者らは、巡業先の各地でそれぞれの土地の魂魄と出会ったであろう。魄霊の影を見つつ、その主と成り、その者の生きていた姿を演じるには、何よりも心身の力強いエネルギーが必要であったはずだ。今後、唐十郎氏は、その魂たちを先導して、紅テントにやってくるかもしれない。目に見えぬ姿をアーカイヴすることは出来ないが、なんとか石化しないアーカイヴをめざしたいと考えている。

（明治大学文学部唐十郎アーカイヴ　文学部文学科演劇学専攻）

*エッセイ

唐十郎の原点

永堀徹
Nagahori Toru

一九六〇年の安保闘争は、私や一年下の大鶴義英（唐十郎）君の所属していた明大の学内劇団実験劇場内においても辛いものがあった。闘争の輪が大きくなるにつれ、デモに参加しない人は演劇をやる資格などない、というような暴論まで飛び出すと反論出来なくて、その事がますます一部のアジテーターの存在を増長させていくというジレンマにも見舞われた。大鶴義英も私をも含めた多くの部員たちは、共産主義者でもなく普通の演劇大好きな人間だけに、口にこそ出していないが、このままでいくと実験劇場は崩壊してしまうのでは、という危機感を抱いていた。

　実験劇場は毎日のようにデモに参加していたが、六月十五日、デモ中に樺美智子が亡くなった。六月十九日、安保条約は自然成立し、岸内閣は責任をとって退陣し、池田勇人が所得倍増論を引っ提げて首相となると、安保闘争は嘘のように萎んでしまった。大鶴たちは、六月二十五、六日に公演予定していた『廃墟』の追込み稽古に余念が無い中での思わぬ結末に、虚脱感から抜け出せずにいた。都会の中で演劇を考える事に一旦距離を置いて、もっと地に足をつけて生きている人たちと出会い、演劇を通して自分を見つめ直そう、と議論の末、地方公演をすることが決まった。

　安保闘争の挫折からくる虚脱感を吹っ切るように七月下旬、大鶴義英たち明大実験劇場の二十七名は地方公演へと旅立った。東北本線小山駅で水戸線に乗換え、どんな世界が待っているか分からない岩瀬駅をめざした。

　一行は、得体の知れぬ重圧から解放されたように車中ではしゃいでいた。大鶴は、同期の古賀国靖や一期下の上野喬士や久間紘一郎等と連結器近くのデッキ附近に陣取り、小道具、衣裳、照明器具等が入った柳行李に腰掛けて、これからはこんな芝居がしたいとか、最近観た映画の話などしていた。私は村との交渉を一任され、村で信望ある村会議員に手紙を出し、ノーギャラ、しかし宿泊と食事の世話をしてほしいと依頼した。先方から協力するとの返事がきたが、手紙だけだったため、不安がつのってきた。筑波山が近づくにつれ、正直言って祈るような気持ちだった。

　列車は岩瀬に着いた。駅前には約束通り北那珂村の世話役の人たちが、農作業用の小型トラック数台を待機させて待っていた。大鶴たちは、分散して車に乗り四キロほど北東にある目的地に向った。この村は、標高三、四百メートルの里山に囲まれた盆地で、人口はおよそ二千人程の農村である。

「ここが今夜芝居をやっていただく場所です」と案内された所は、一反歩（三百坪）ほどの畑だった。お手伝いしますからなんでも言いつけて下さい、と世話役たちは各農家から既に集めておいた荒縄、蓆《むしろ》、板、稲架《はざ》（刈り取った稲を束にして干す七、八メートルの杉の丸太）等資材の山を見せてくれた。

　大鶴は、俄然、このあたりから一気に気合が入り出した。彼は、舞台、客席の範囲、入口の位置などを村人たちに確認させ、建設を指示した。二、三時間で、その輪郭は出来上り、天井のない青空劇場の客席の壁は、縦横に組まれた稲架に縛りつけられぶら下った蓆である。大鶴は、さぁ宣伝、宣伝、と次の行動に切り換えていた。古賀や久間を連れて村役場に行った。彼は、鉄筆で原紙にチラシの文面を作り、謄写板で藁半紙のチラシを何枚も刷った。

「学生芝居来る!!　ぜひ観に来て下さい」という内容で日時と場所が明記されたものだった。大鶴は、世話役の一人からオート三輪車一台を出してもらい、古賀、上野等を連れて山裾の集落を触れ回った。その大鶴の出で立ち姿が凄かった。黒の登山帽を被り、顔は白のドーラン化粧に唇は真っ赤な大きな口にみせ、黄金バットのような黒の長いマントを纏い、我々に手を振りながら出発した。その姿は、フェリーニの映画『道』を髣髴とさせるものがあった。二時間ほど経って大鶴たちが帰ってきた頃には、入口付近には三々五々から集った村人の列ができていた。

入口の蓆の扉が開けられ客たちが舞台のすぐ前の方から徐々に埋ってくるのを大鶴は、舞台の袖から長い間見つめていた。私も客の入りが気になっていたので彼の後ろから眺めていた。彼は、私に振り向いて、はっきりした口調で話し始めた。

「ぼくは、こんな雰囲気の芝居をやりたいんだよ。これからの演劇は、大きな緞帳に仕切られた客席で、咳ひとつしても周囲に気兼ねしなければならない、というようなものではだめなんだ」

と、なにか確信したような言葉に私も状況をつかめないまま、う－ん、成程ね、と応えるのが精一杯だった。

演目は、出発前に組んでいた通りで、パントマイム、合唱、寸劇、そして農村の水争いを描いた『水ひき』（永堀徹作、「テアトロ」一九六〇年十二月号掲載）という凡そ二時間のプログラムであった。村人たちは、初めて観るものばかりで、幕が下りると、大きな拍手が湧いた。世話役の人たちも胸をなで下ろしている様子だった。公演は成功をおさめた。

芝居が跳ねて後片付けをしている我々の所へ岩瀬町の青年会の人たちが二、三人でやって来て、明日私たちの町でも今夜と同じプログラムでお願い出来ないだろうか、と公演要請があった。我々も願ってもない事だったので快諾した。部員たちは、手を叩いて喜んだ。

次の日の朝、大鶴たちは、青年会の人たちの案内で公演場所に行った。町の外れの鬱蒼とした杉木立に囲まれた神社の境内の本殿横に、建坪二十五坪ほどの祭礼の幟りや、紅白の横断幕や折り畳まれたテントなどが入った建物で三方向の雨戸を外せば能舞台のようになった。大鶴は、即ＯＫである、と青年達に伝えた。青年たちは、昨夜のように蓆などないから境内で立見となると言ったが、二時間位だから我慢出来る、と心配ないことを我々に伝えてきた。凡そ二百名程の客で境内はいっぱいになり、ここでも公演は成功を納めた。大鶴たちは、この二日間の手応えたっぷりの公演に満足して宿泊所の公民館に戻った。

帰京する三日目の朝、十二、三人の若い男女がやって来て、私たちと色々お話しをしたい、という。彼等は、都会の話を聞きたいらしく、私たちも農村の現状を知りたい、と言う事で二、三十分話が進んだ時、この若者たちは私たちの公演を観てなかった事が判った。大鶴が突然、この人たちのためにもう一回『水ひき』をやろう、と言い出した。畳の上で車座になって話している最中だったが、誰れかが、「そうだね、やろうよ」と応えたので、舞台衣裳や小道具類などは柳行李にしまってあるので普段着のままで大鶴たちは役を演じた。

芝居が終ったら数人の女性たちが泣いていた。劇団員の岡村直邦が、どうして泣いているのですか、と訊ねたら「あまりにも身近かで、切実な話しだから」との答えが返ってきたので、大鶴たちは、黙り込んでしまった。充実感に満ちた大鶴たちの旅公演は終った。

この大きな手応えがあった地方公演に、大鶴義英は、翌年、安保闘争後少なくなってしまった部員の中から七名を率いて、村の世話役たちが待つ約束の地に再び『水ひき』をもって出掛けた。彼独自の演劇観を確立するのにも、あらゆる角度から自分たちの演劇を見つめ直す必要があったのかも知れない。この翌年の公演は来る日も来る日も雨に余儀無くされ、とうとう部員の中から大鶴に、公演中止の決断を迫るような一幕もあったが、大鶴は、どんな事があっても公演はやる、と頑として受けつけなかった。村の世話役も正直言って限界に達していた。翌々日、食料が運ばれてきた時は曇天だったが雨はあがっていた。大鶴は、この日、公演を決定した。客は少なかったが公演は終った。この日の体験が、唐十郎の世界を磐石なものにする、いろいろなエレメントをチェックする一役を担っていたのだと思う。

大鶴義英君は、いや唐十郎は、状況劇場を立ち上げ、数々の名作を上演した紅テントを生涯持続し、輝やかしい賞を何度も受賞した。私は、彼の新しい演劇を確立した足跡を振り返る度に、あの地方公演の時、舞台の袖で観客を眺めながら言ったあの力強い言葉が忘れられない。

「ぼくは、こんな芝居をやりたいんだよ」。

もうあの時、唐十郎の原形は出来上っていたのだ。

（元・明治大学実験劇場部員）

*エッセイ

唐さんの最後のゼミ生として

新出桂子
Shinde Keiko

「あの唐十郎から直接指導を受けられる……！」。大学二年生の春休みの終わり、次年度のシラバスが公開され、大学の大先輩でもあり、日本演劇界を牽引する唐さんが、客員教授として文学部の授業と三年生のゼミを担当することを知った。唐さんの名前は授業の中でもちろん何度も登場しており、私にとって教科書の中の人物のような存在であった。

　シラバスを穴が開くほど見て、締切の直前まで唐十郎ゼミへの参加を悩んだ。きっと参加するのは役者を本気でめざしているような芝居経験者ばかりだろうし、そんな中で素人に近い自分が参加しても良いものだろうかと非常に不安だったが、「ここでチャレンジしなければきっと一生後悔する」と思い、締切直前で参加を決めた。

　唐さんは初回の「演出論」の授業で、おさげ髪のかつらをかぶり、腰にタワシを差した姿で教室に登場し、私たち学生に強烈な印象を残した。大教室の授業では、何度か途中で怒って教室を出て行ってしまったこともあり、「大物演出家らしいな……」なんて思っていた。一方ゼミの中では、ポケット・ティッシュを床に落としてしまった学生に対して、「銀行通帳が落ちたのかと思ったよ」と冗談を言っていて、チャーミングな一面もあるのだと意外に感じた。

　演劇経験者、未経験者、多様な経歴を持つ十二名が所属するゼミでは、唐さんの代表作『少女仮面』に取り組んだ。様々な演劇団体によってたびたび上演されている作品だが、改めて当時を思い返してみると、唐さんに直接指導していただけたなんて、信じられないぐらい贅沢で貴重な機会だったとしみじみと感じる。

立ち稽古では、部活でミュージカルをやっていたという私の経歴に興味を持ってくださり、最初に指名されて台詞を読むことになった。唐さんからは、身体を揺らしながら台詞を読んでいた私の姿を見て、「君のそれは癖なの?」と指摘されたのを今でもよく覚えている。(それ以来、私は姿勢の悪さを大いに反省し、実生活でも立ち姿を気にかけるようになった。)

唐さんは五月末に大怪我をされ、残念ながら授業とゼミから離れることとなってしまったが、劇団唐組の辻孝彦さん、唐さんの助手としていらしていた編集者の樋口良澄さん、文学部の神山彰先生のご協力のもと、唐さんが名付けてくださった「紅団子」という名称で、『少女仮面』の上演をめざすゼミの活動を継続できることになった。

十二名のゼミ生が「凮絓」「星組」の二パターンで配役され、辻さんの指導により本格的に稽古が開始された。私が演じることになったのは、宝塚に憧れる少女・貝。初めて戯曲を読んだときから自分自身との共通点を感じ、唐さんに指名されて立ち稽古で演じた役でもあったので、絶対に演じたいと思っていた登場人物だった。しかし、今まで扱ったことのない台詞量と、他にはない独特な魅力を放ち、一度読んだだけではなかなか理解することが難しい唐戯曲。自宅でも何度も何度も声に出して台詞を喋り、「この台詞はどういう意味なのだろう」と四六時中戯曲と向き合った。台本は書き込みでいっぱいになり、ボロボロになった。

夏休み中も、三日に一度は大学のキャンパスにゼミ生で集まり、汗だくになりながら教室で稽古をした。自分たちで演出や演技プランを考えては唐組の辻さんに観てもらい、ステージングを固めていった。各々他の活動もある中で、授業の合間や放課後に稽古時間を捻出しながら、約七ヵ月間の稽古期間を経て、十二月に無事本番を迎えることとなった。

台詞を何度も言葉にしたり、ゼミ生皆とそれぞれの解釈を話し合うことで、本番に向けて徐々に戯曲の内容を読み解いていくことができた。唐戯曲の魅力の一つでもあるが、『少女仮面』は声に出して読みたくなる台詞が多く、稽古以外の場でも台詞の一部を用いて楽しみながらゼミ生同士で会話していたのを覚えている。

公演は駿河台キャンパス内のスタジオにて、「風組」「星組」で二公演ずつ上演された。当日は、観客の反応や空気が自分の演技にも良い意味で影響しているのを肌で感じ、自分なりに楽しみながら演じることができた。観客の中には唐さんのファンや作品のファンもおり、物凄いプレッシャーを感じていたが、プロではない若い学生が体当たりで演じるからこそ表現できる『少女仮面』になったのではないかと思う。

本番の帰り道、中央線の車内で辻さんと二人きりになり、「学生が演じるのはとても難しかったと思う。でも、そんな中で新出が芝居を引っ張ってくれたから、安心して観ることができた」と言葉をかけてくれた。普段はシャイな辻さんからそのような褒め言葉をいただき、涙が出そうになるほど嬉しかった。自分に自信を持つことが苦手だった私にとって、それは自分の人生において大いに影響力を持つ印象的な言葉であった。

個性溢れる十二名のゼミ生で唐さんの難解な戯曲に全力で向き合い、ああでもないこうでもないと何度も語り合い、試行錯誤しながら取り組んだ経験は、これまでの人生で最も生き生きとして、おもいきり情熱を注ぐことができた充実した時間だった。何より、最後のゼミ生として唐さんの指導を直接受けることができ、紅テントで活躍される辻さんにみっちり演技指導をしていただけたことが、心から幸せだった。

全く同じ台本でも、演じるキャストや演出によって全く異なる魅力を放つことができるという演劇の面白さ。キャスト、スタッフ、ありとあらゆる部門のメンバーが「公演成功」という目的に向かって同じベクトルで進み、その一つ一つが集結されたパワーが劇場の一瞬一瞬に込められ、観客の心を動かす、という演劇ならではの醍醐味。ゼミの活動を通して改めて感銘を受けた私は、「やはりこれを仕事にしていきたい！」と固く心に誓った。中学生のころから漠然と抱いていた演劇業界で働きたいという思いが、確信に変わった瞬間だった。

十二月のゼミ公演が終わって、まもなく就職活動が本格的に始まった。大学四年生の夏になると、気づけば周囲の友人のほとんどが内定をもらっていたが、私はいまだ内定ゼロの状態だった。

『少女仮面』明治大学公演後の紅団子たち

最後のチャンスとして挑んだのが劇団四季の経営スタッフ（経営部門の正社員）の入団試験だった。その年の面接試験を担当していたのは、当時の代表であり、劇団創立者の浅利慶太先生である。人生で二度目の日本演劇界の巨匠と対面できる機会を得ることになり、緊張と興奮が入り混じるなか、面接の日を迎えた。

面接の場にはお守りとして『少女仮面』の台本を持っていき、「貝ちゃんみたいに」と書いたメモをスーツの上着のポケットにしのばせた。貝を演じているときの自分が最も堂々している自信があったからだ。『少女仮面』で宝塚スターの春日野八千代に会いに行った貝と同じように、まるでオーディションを受けるような心持ちで浅利先生の面接に臨んだ。

浅利先生は私の履歴書に目を落としながら、真っ先に唐十郎ゼミの活動に興味を示していた。「紅テントはよく観るの？　最近観た芝居はどうだった？」「『紅団子』？　唐もおかしな名前つけたもんだなあ」と嬉しそうに笑いながら唐さんのお話をされていたのが、私はたまらなく嬉しかった。「自分が浅利慶太と唐十郎の話をするなんて、こんなに贅沢なことはない！もうこのまま死んでも良い！」とさえ思えた。

そして、結果は合格。晴れて、私は憧れの演劇の道に進むことになった。浅利先生と唐さんの話で盛り上がれたことが、きっと採用してもらえた要因の一つだったのではないだろうかと思う。

浅利先生は私が入団した年に代表取締役社長を退任され、「浅利演出事務所」で活動されたのち、二〇一八年に亡くなった。現在劇団には、浅利先生の退任後に入団した世代も増えてきているが、私は浅利先生のもとで働いた最後の世代として、それを誇りに持ちつつ複数の部署で四季の演劇活動に従事してきた。早いもので、今年（二〇二四年）の四月で入団してちょうど十年という節目を迎えた。

そして、今年五月に唐さんが亡くなった。私を演劇の道に導いてくれた浅利先生、辻さん、唐さんが皆天国に行ってしまった。ゼミ当時は二十歳だった私も、三十代になった。二十代のころは仕事もプライベートも演劇のことで頭がいっぱいで、『少女仮面』の中のフレーズを借りると、「病人の情熱」に近いような状態だったように思う。当時は微塵も想像できなかったが、私も年齢を重ね、結婚して家庭を持つようになった。「時はゆくゆく乙女は婆ァに」が頭をよぎり、女性としての幸せと老いについても考えるようになった。演劇に対する関わり方を少し考え直すフェーズに入ったのだと思う。

しかし、私は運が良いとしか言いようのないぐらい縁とタイミングに恵まれ、奇しくも日本演劇界の重鎮である唐十郎、浅利慶太両氏のラスト・ジェネレーションとなった。演劇の神様が与えてくれた最高のプレゼントであり、生涯の誇りである。そのプレゼントを最大限生かしていきたいという強い思いが、今も変わらず自分の中にある。自身を取り巻く環境が変わったとしても、今後も演劇の世界で少しでも貢献していけるよう、自分なりのかたちを模索していきたい。

（劇団四季　演出部）

特別掲載

最期の戯曲『海星《ひとで》』

二〇一二年作品

『海星』小ノート

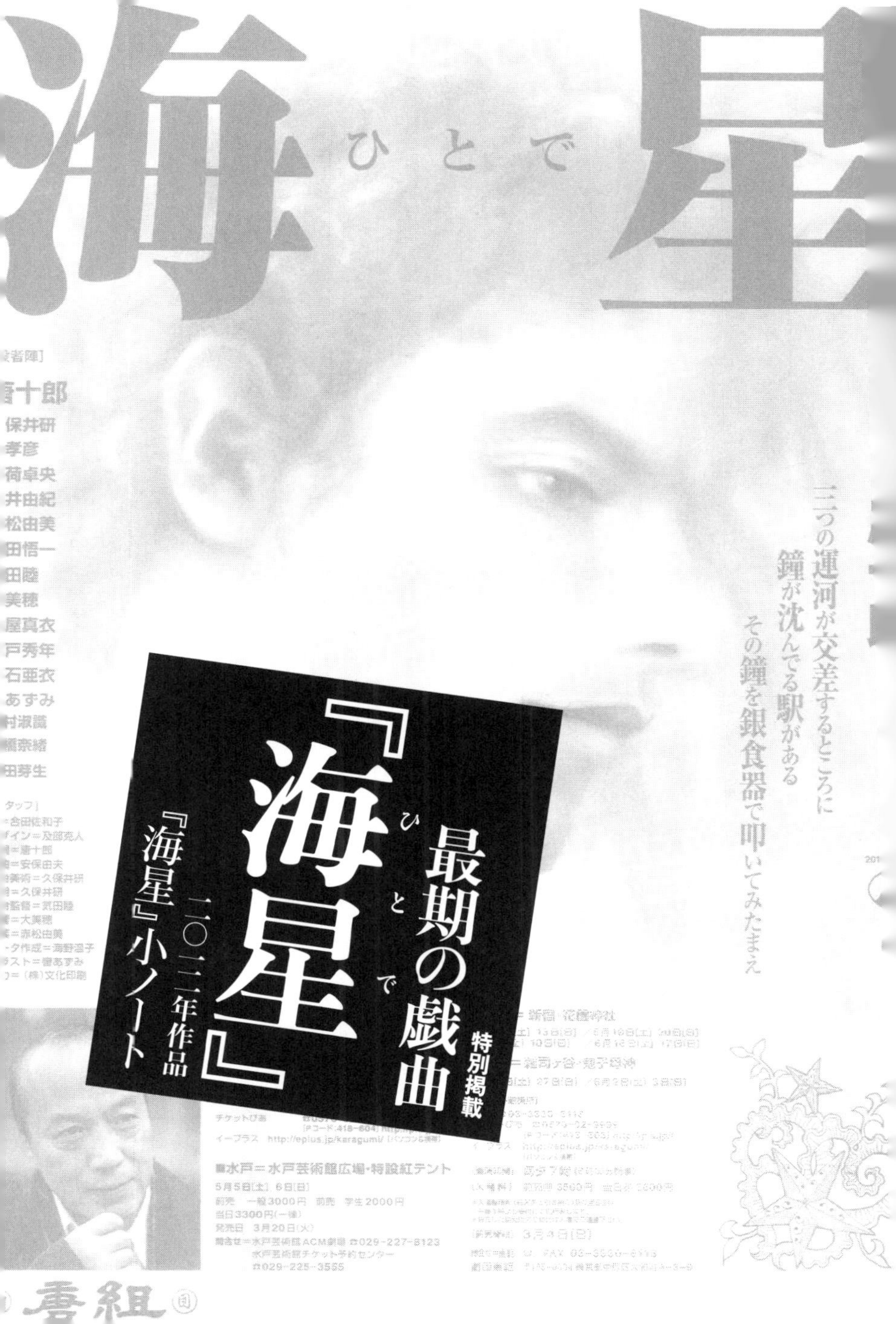

登場人物

町田 合羽橋洋食器店〈パッキン〉の店員。仕事中、三星島と呼ばれる三角州を目指したことから墨田区を奔走することになる。たびたび、〈向島クロム〉の野口と見間違えられる

仲 〈パッキン〉の同僚で、町田の親友。町田と共に三星島に上陸した。渡り鳥の名で呼ばれることもある

チャコ（千夜子） 〈鐘ヶ淵〉駅近くのパーマネント屋〈波髪《ナミガミ》〉のおきゃんな一人娘。野口を誘うために耳朶から接近する

六門寺律子 〈向島クロム〉のスポンサーになっている駅ビルの令嬢であり、野口の婚約者だが、いつか、「本命の野口」が現れるのを願っている

ナナ チャコの友達。家業のうどん屋〈ササッ一杯召し上がれ〉の看板娘。しかしてその実態は……!?

ネギ／ワリバシ／天カス 〈ササッ一杯召し上がれ〉の店員たち。長い竿を運んでくれる

波《ナミ》さん 〈波髪〉の主人。亡き妻を思うと蝙蝠の幻に襲われる

桜部長 町田と仲の上司。食器店〈パッキン〉の窮地に大忙し。激すると、「自分は梅なのか桜なのか」と吠える癖がある

下僕 桜部長の秘書で、クリスチャン。イチゴケーキを落としてふるえるが、神の声が分らない者には我慢ならない

三角《みすみ》 〈パッキン〉の顧問弁護士。五角形の弁護はお断り

野口 〈向島クロム・メッキ工場〉のエリート。ナポリ帰りの自慢の婚約者・律子とのデートに余念がないが、もっぱらネット派

大林 新潟県燕市〈大林工業〉より上京した、その業種の大物。スカイタワーの麓で荒鷲魂を高らかに歌い上げる

一幕

町田 廃校になった小学校の壁は、ポロポロに剝げて下に落ち、四階まである校舎の下のグランドには、野球をやったりサッカーに歓声をあげた子等の声も響かない。背部には二つの河が流れて合流し、見ることなどできない東京湾に繋がる綾瀬川には、青い海が流れ込んでいるという。が、ゴロタ石の積まれた河沿には、青い流れはなく、墨田区らしい濁った薄茶の水波が這い上がろうとして、黄ばんだ中程の流れに戻っていく。その廃校になった小学校にはどう行くんでしょうかと、町の人に聞いた時、二つある高速道路の下をくぐって、踏みきりを抜けていけばいいんだよと言われた。その通りに、道路の下をくぐったが、踏みきりは見つからず、も一度、町の人らしい通行人に、河が見下ろせて、無くなりかけてる学校はどちらの方でしょうかと

聞いた時、「あそこ、あの土手を上がっていけ」と言った。〈土手〉というコトバを聞いたのは久し振りだ。そのとおりに、登って上がると、コンクリとモルタルが壊れかかった一米ほどの堤防があり、手を掛けて、そこに上がると、岸にしがみつく河があって、右の眼下十メートル程の所に、小学校の屋上が見えた。そこから背後の街を見下ろし、この東武伊勢崎線の〈鐘ヶ淵〉という駅の横筋に狙いをつける。訪ねる一軒は、そこにある。土手を下り、横丁抜けていくと、外からも店内の道具が見えるパーマネント屋の前に立った。店名は〈波髪〉という。髪を波立たせる為の道具は、釜を逆さまにしたように並んでいる。こうして初めて来たように語っているが、最初は、土手の上から見下ろし、二度目は店の中を覗くようにして、走り去った。三度目は店の裏から中を見て、切られ残った、床の上の髪束を握った。「何です?」の声に、私も言ってみれば〈握り屋なんです〉と、相手に通じない一言呟き、髪を捨てて、逃げ去った。どう打ち明けたらいいのか分らない。ここに来なければならない理由《わけ》は揃っているのに、言ってしまうと、〈ぶしつけ〉なようであり、また何かを、ねだっているとも思われる。だから、今日も帰ろう

――波髪の店の中から、一人の女性出てくる。チャコ（千夜子）と言う。逃げる男の背を見ながら……

チャコ　……あたしも待ったわ、握り屋さん、合羽橋道具店〈パッキン〉の店先に。中では、部長、桜さんと言ったっけ、その人が、バケツを積んである壁の方にあんたをグイグイ押しつけ、「なんで言われたことが分らねんだ、どうして、そこへ行き、頼んだことをお願いしてこなかった、うちはな、今、商売が退け時で、そんなに早く請求されても困るんです、せめて、一ヶ月は待って下さいと頼んできてくれと言った筈だぞ。うちの製品は銘品だ、何故って、潟、ガタ、新潟県燕市の大林工業から送られてくるもんなんだから……燕って雀じゃないぞ……〳〵ほら燕が空を切って飛んでいる。雨羽広げて、風に逆らい、オレの真上をあっち行き、こっち飛び、オシッコしているオイラを笑ってる〳〵なぜって……ああ、ここからは、女ですから出てこない、でも言おう、敢えてね〳〵見てる、この包茎のこの俺を……、シッコしてから、戻すのに時間がかかる。指についたら、紙はなく、ペロッと舐めたりしかねない、その苦労を燕は見てる〳〵なんで、こんな歌をそらんじさせたんだ、このやろう」と、両肩つかんで押しつける。燕市から製品送られてくる度に〈御注意、くれぐれも塩分（えんぶん）には、気をつけて下さい〉と書いてあるのを見なかったのか、この目落し、ぶしょうに怠け、ダメな奴めが、ググイのグイ……そこへ、親友の仲君が入ってとりなした。桜部長、それはぼくにも責任あんです。向島まで行く所を脱線して、「ほら、そこに行くまで、あの水平線の向うに変な三角州があるよ、一名〈三星島〉と呼ばれているんだって、途中で降りて、小舟でちょいと見に行かないかい」と言ってしまったのは僕なんですから……「なぜ三星なんだい?」と聞く彼に、ゴミが夢を頼って、〈もう三つの光を放つ手で、使ってよ〉と唸っているからなんて言ってしまいました。それで、お会いする約束までに時間がある、ちょっと、漁を休んでる小舟の船頭さんに頼んでやってみようか、と、二人ともバケツを二丁持ったまま、駅下りて海辺の方

に走ったんです。服を脱いで、パンツ一枚になると、バケツは丁度、波打ち際に置いてあった大きな盥桶に乗っけて、泳ぎまくり、そこに着くと、黄色い波と青い潮が、絡み合って波を立ててる。沖の泡立ちに向かい、〈ヤッホー、海は青いぞ、股まで洗う、オレの股は青股だあ〉なんて、はしゃいでいると、いつの間にか、その辺りから満ち潮になっているのに気付きました、慌てて、岸に向かい、置いた盥バケツの辺りは、もう海水に埋まって、ああ、これで、向島まで行って何て言おうか……と二人は、ポツネンと、濡れたパンツのまま、夕方の来る空を見上げていましたと言ってたね。でも桜部長の怒りは、ますますつのり、そんなゴミ島まで行ったことに更に青筋たてて、「オレは梅か桜なのかっ」と吠えます、こういう時を分かってて、二人が「桜です」と言うと、「うめえこと言うな」ととびかかり、ハッと気付くと、もう二人のことは後にして、〈向島クロム〉に電話を入れてた

野の藪は揺れて、あの青年町田も姿をくらましている。どこに行ったのだろうか。チャコは彼のために語っていたのに。どこからか耳をそばだてていたに違いない。影のようなベニヤ板が、バサリと前に落ちたから。

店の中から主人の波さんが出てくる。

「おいっ、チャコたん!」

ここから、登場人物のコトバに「　」《かっこ》がつくようになった。小説形式から演劇風に気取ってきたのか。

チャコ　なあに、父さん

波　さっきな、向島クロムの野口さんから電話があってな

チャコ　なんだろ

波　とても急を要するので、工場がある駅まで、来てくれって

チャコ　急用って、なにか、感じた?

波　うすうす

チャコ　濃くなくちゃ困るのよ

波　とは言うけど、もう大きくなった娘のことにあたしだって立ち入れできんよ

チャコ　でも、本当に何なんだろ?

波　耳のことらしいよ

チャコ　は?

波　お耳

チャコ　耳って、どこの耳

波　野口さんのだ

チャコ　……ああ

波　ああ……ってお前、それで済むのか? 向うには、律子《りつこ》さんて婚約者まで居るんだぞ。それも〈クロム向島〉のスポンサーにもなってる駅ビルの、そのお嬢さまだ

チャコ　たいしたことない。てえしたことわよ

波　そうやってノンキにしていられっけど、お前、婚約者のお相手である野口さんの耳朵を噛んだって言うじゃないか

チャコ　どうして分ったんだろ

波　片耳のそこにガーゼを張りつけていたのだが、川っ風に飛んじゃって、丁度デートの時間にかけつけた律子さんにバレちまったのさ

チャコ　あれはね、父さん、なりゆきがあるんですよ

波　なりゆきって、どこに向かう何線だっ!?

チャコ　あのね、工場の前で、野口さんが、「どう僕？　いつもと違って、この体の片方だけ、香水ドン・ジョバンニの匂いがしないか？　律子がね、イタリア土産で買ってきて、衿首と耳朶にシュワッとかけてくれたんだ」って言うからね、あたしは、あら、ますますお上品なお二人になりますねと、誉めてあげたの。でも、いい気になった野口さんは、あたしに、「君の唇、このボクの片耳に持っておいでよ、少しぐらいなら、嗅がしてあげるから、ペロッと舐《ナ》メテみてもいいんだよ。きっと、ナポリに行った気がするから、さ、安い女様さん、ちょいと、この耳朶にそのお口でキスしてごらん。安いお口がとっても華やかになるからさ」とグイグイ引っぱるので

——町田は、こっそり聞いている。

チャコ　「そんなに良いものなら、舐めるついで、噛んじゃおうかしら」と言ったのよ。そしたら、向こうは「噛んで、ヨダレを流すなよ、流したら、そのヨダレも、自分ん家に持ってけよ。もったいないから、ナポリの分も入ってて……」とおっしゃるし、あたしの口は、唇は、野口さんの片耳、その耳朶に向かっていました。「でも、私のキッスはいつも痛いんです。夢にも見ます。愛する男に耳を咬まれて、嬉しいなんて、叫んじまうの、だから、行きますっガブガブ、ガンブリとお〜〜〜っ」

波　……それで傷ができたのか、それを隠して、バンドエイドを今張ってられんのか

チャコ　おかしい？　お父さん、あたしのやったことって筋が通っていませんか！

波　ヴァンパイヤ！

チャコ　……そこまで言うの、あたしのことを

波　お母さんは、よく蝙蝠の飛ぶ影に怯えていたが、娘がこんな吸血鬼になるなんて思わなかっただろうよ

——町田とびだす。

町田　そんなことありません、お父さんっ

波　誰だ、これは？

チャコ　合羽橋の町田さん

波　それが、何が違うと出てきたんだ

町田　チャコさんは、吸血鬼じゃありません、ヴァンパイヤでもないんですっ

波　じゃ、何だ

町田　耳朶は、その人の涎《ヨダレ》です

波　だから

町田　うぬぼれたその人のヨダレを吸ってやろうとしたんです

波　噛んでか

町田　多分、逃げようとしたから、咬んで止めようとしたんじゃないでしょか

チャコ　そうかなあ？

波　（町田に）で、お前は、今、オレの人格の先端に何をしたいんだ

町田　先端とは？

波　ワイの耳朶

町田　ウソでも一回、噛んでみたい

波　オレも君のをチューチュー

町田　それで一体、何になりましょ

波　宿命で

町田　ボクは運命
波　と言いながら、それは悪夢だ
町田　迷信だ
波　で、どうする?
町田　さようなら

　―と言って、チャコの影に隠れる。

波　チャコ、あんな奴にかまうなよ、お前は、野口さんに失礼したことを、どうやって埋め合わせするかを思ってりゃいいんだからな、あんなゴミは放っとけ、あんな何もできない無用のチョウブツは、チョウたって、あいつのは大腸の腸だ、何もできん、風に吹かれろ

　―影から、ヌッと町田は出る。

町田　なにか出来ます、歌うことなら……
チャコ　聞きたい
町田　その耳朶を汚すことにならなければ――
チャコ　どういうの?
町田　〽水の中の鐘はどんなに響く
ゴオン　ガゴオン
淵の間を縫ってゆき
青空はそれを見下ろしてるが
音に耳は貸しはしない
でもさ、ガゴオン
胸のうずきは、いつだって
誰が叩くか　探しているよ〽
チャコ　それはあたしよ、鐘つき女は
町田　あれ、お父さんは店に戻った
チャコ　いいのよ、歌は浪花節で、しびれてんだから
町田　すみません、親子の間に歌をはさんで……
チャコ　でも、その間、しみじみ、その横顔見せてもらったんだけど、あなたはどっか野口さんに似ているわ。向うは女の自慢ばかりする下品な奴だが、あんたは、とても健げで高貴の風に飄然と立っている。殊にその耳朶、風に吹かれて、ヨロヨロ頬に付くけど、その耳朶の中に、あたしは見たよ〈十字〉の剣を。ナイトだ、騎士だ、どこかの城を目指してる。お待ち下さい、ナイトの君よ、あたしを昨日抱いて捨てていくのでしょうか。それからもう一つ、あなたの耳朶ゆらすその風姿《かざすがた》は、野口さんが、昨夜寝た女の変な癖ばかりをひけらかすのに、とっても高貴十字軍に入れたいくらい。その耳朶に透してみえる十字の剣は、今、どこかに迫りつつ
町田　クリスちゃんじゃないんです
チャコ　いいの、クリスは、十字のあなたの守り神。わたしは、そういう高貴な人を待っていた。それでお傍に寄っていいでしょか
町田　どうぞ、傍で、オソバでも食べて下さい

　―チャコ、近寄る

チャコ　まるで肉食動物が初めに咬みつきたくなるよなミミンガー
町田　あれ、ぼくの好物なんです
チャコ　そして、あたしの唇は、あなたの耳朶に近づいている
町田　それにしても、チャコさん、僕の店が、御徒町の洋食器店にあるって、よく気がつきましたね
チャコ　尾行したのよ

町田　逃げてくボクを？

チャコ　追って来る気配をあんただって気がついていたでしょ

町田　でも、尾行されるって、そうすべき尾っぽは、ボクにないですよ

チャコ　尾っぽがありゃ、狸かタヌキ

町田　だから、どんな尾を追ったんですか

チャコ　うしろめたい、後ろを見ると、頬に薄紅広がって、タコのように駅にかけてく

町田　タコって赤いの？

チャコ　ゆでダコ、おでんの中にぶっ込みたい

町田　嫌です、大根、チクワと煮られるなんて……

――近付いている。

チャコ　もう寸前にあるわ、あなたの耳朶。なんで、あたしに誘惑をしかけんの？　こんな女は、どこにも居るのに、なんで、ブランコ、あたしの唇、来いと言うのよ、もう来てる、野口さんのより、はにかんで、早く、恋のメラメラ持ってこいって

町田　（一度逃げる）

チャコ　この美しい女から侮辱してあんたは、そうして逃げんの。あのいつも苛められてる合羽橋の〈パッキン〉に

町田　逃げてはいません、女性の口に触れられんのが恐いんです

チャコ　慣れれば平気よ

――もう哭ている。

チャコ　耳の奥に穴がある。それが、今もあたしに謎を吹っかける。この奥はお前の恋の炎をどうめらつかせ、耳の壁の呪文を解くのか……謎めく、あたしにゃ、解けない耳朶ガブリとするだけなんで

――町田は咬まれてのけぞる。

チャコ　痛かった？

町田　いいえ、小便洩らしそうになりました

チャコ　どうして、わたしの唇と歯をそんなに受け入れてくれたの？

町田　タコって言われんの、もうやめてくれれば……と思い（耳朶をしみじみ見て）あ、いけない、本当に赤く腫れあがってきてる

――傍に行き撫でる。

町田　蚊にさされたと思います

チャコ　きみ、そんなに腫れるほど刺す蚊なんて居ないと言われたらば？

町田　この鐘ヶ淵にはいるんだと

チャコ　それ、誉めてんの、この地と共にクサしているの？

町田　〽ガゴオン、胸のうずきはいつだって〽

――チャコは抱きつく。

チャコ　あんたは、そうして、他人を責めないのね

――それを見られた気がして離れる。波さんがやはり、上がってきた。

波さん　チャコ、ちょっと来てくれ、お前を叱ってから、蝙蝠が鏡の中を飛んでいる気がするんだ

チャコ　そんな母ちゃんの夢なんか押し入れに閉じ込めちまいなさいよ、ちょっと行ってくる

――と、ストトン、一米程の土手を下りて、店に行く。

――律子と野口が、ゆっくりと上がってくる。町田は、

—また陰に隠れる。

律子　とても活気があって、お父さんのことを気遣う良い方ではありませんか、あの波髪さんは。むやみに他人の恋路をかき回す方とは思えない。あの方に比べたら、私なんか、花瓶に入れられすぐに、しぼんでしまう只の百合

野口　いえ律子さんは、しおれない。お姿だって、影だって、いつも真っすぐ立っておられる

律子　車を運転する時も？

野口　いいえ、あのポルシェを動かす時は、さすが座って

律子　……

野口　それで、この耳朶の傷はまだお疑いですか？

律子　活気があって、おしゃまな、あのお嬢さんに、口紅を二点添えられたと言うのでしょ？

野口　いたずら好きで

律子　では、今張っておられるバンドエイドなど、この川っ風にお吹きとばしになさったら？

野口　はい、今、そうしてます

—剝がして風に放り投げるが、それは足元に落ちてしまう。片耳朶は、町田のよりも腫れてる。

律子　なぜ、そんなお遊びをなさったのでしょうね？

野口　はしゃぎたい年頃なんです

律子　『アナタのお背中に夕陽が当る。そうして振り返ることもなく、夕闇の彼方に包まれ去っていく。その闇の中をワタシはくぐってみたい……螢になって、そっと、お顔の周りを飛んで、夢の滝は、ほら、もうゴオゴオと響くのが聞こえるでしょう。下から吹き上げてくる滝のしぶきを受け、その見下ろす崖に立った時、螢の私は、あなたにこう言うの……ご婚約お目出度うございます。羨ましい限りです。このチャコは、いつも、お二人の幸せを祈ってます。よい御家庭を……』

野口　どうして、それを？

律子　これは、貴方が私に読ませてくれた〈処女のラブレター〉ではありませんか。どうしてこういう他人〈ヒトサマ〉の手紙を読ますのかと聞いたら、これは、ラブレターじゃない、何か恐い気が。螢と共に滝のがけっぷちに立つ所なんか、『飛び下りよう』と言ってるような気がすると震えてたじゃないですか

野口　もう忘れましょう、僕らには、明日の青空が待ってるのですから

律子　そのお耳朶も一緒に忘れるの？

野口　福耳になって戻りますから

—と肩を抱く。

律子　でも、あの方には少し見覚えがあるんです。〈クロム・向島〉の経理部で、お茶汲みなんかやっていましたわ。ある時、一人の女性先輩に『銀行に通帳確認に行って』と言われ、それ持って立ち上がると、命じた女性にまた止められ、『やっぱり、やめとこ、あんたみたいな新米に大事な通帳は渡されないわ、途中でコピーなんかされたら、こっちの首もとぶし』と言われ、うずくまって、椅子の下でしばらく泣いてた

野口　あんな、ふざけん坊にも、そんなウィット、シオラシイ所があるんですね。では、また一周りしてきましょうか（肩を抱く）

—仲くんが出てくる。土手に上がって、パーマネント

——屋〈波髪〉を見下ろす。隠れていた所から町田は出る。

町田　仲くん、どうした？

仲　お、そこにいたか、あのね桜部長がどこまで進展しているのか、見てこいと言うんだよ。きみは直接にクロム向島に行かない、そことなにか関わりのあるお店に寄ってくると言ってたんで、ここまで来たよ。どうする、桜部長も、もうすぐ来るぞ、秘書の下僕さんを連れて

町田　あの下僕さん、クリスチャンだと言うぞ

仲　口数も少なくてな

町田　なんでここが分ったんだ？

仲　トイレのドアを強く開けたら、そこでコッソリ苺のケーキを食べようとしてた下僕さんのケーキを落しちまったんだよ。もう食べられなくなったそれを、かき集めると『もういいのよ、仲君、コッソリ喰いをしようとしていたこの甘党に誰かがお叱りになられたんだから』と言ってくれた。『そういう方は、どこに居られるんですか？』と聞いたら、何も言わずに手で十字を描いた。只、小さな声で、『町田さんが危ない橋を渡らないように』と祈ってる。それで、この仲は、『あいつは大丈夫ですよ、〈鐘ヶ淵〉の鐘にも登るバカですから、あの〈カネボウ〉の本家本元の所ですよ』……それがどうも、桜部長に伝わったんだ

町田　『じゃ、口数多い』と言ってやれ

桜部長　おお、町田と仲、二人で何の道草喰ってんだ、この給料泥棒、うちの資産の持ち逃げでも考えてんのか

——秘書の下僕さんも土手を上がってくる。

桜部長　おお、下僕さん、どうした、なんかゼエゼエむせちやって

——下僕はある方向を指さす。

桜部長　うむ？

下僕　カネ、カネ

桜部長　金が落っこってる？

——無口な下僕が、この時ばかり、ゲンコツで、上司桜の頭を殴る。

桜部長　（よろけて）なにすんだ、オイラの秘書が

下僕　分りませんか、神が川底に青銅の鐘をお沈めになっているのが

桜部長　それ、引き上げたら、金になんのか

下僕　また、パカコンやってやろうか

——少し後退って町田を見下ろし

桜部長　向島クロムに俺は電話した。そうしたら、町田、きみは一つも、そんな所に行っていないって分ったんだ。例の交渉もしていない。それで、なにゆえこんな場末に来てんのか、俺には分らん。言ってみろ、この役立たずっ

——そこでチャコちゃんが下から上ってくる。片手に手ぼうき持って……

チャコ　追い払ってやったわ、母ちゃんの幻影をゆずり受けて、まだ蝙蝠に恐れおののく父ちゃんを。羽なんかこの手ぼうきでぶっ叩いてさ

桜部長　おい、町田、そんな女の話に耳を貸すな、お前はなんで向島クロムさんに行かなかったかを、きちんと話すんだ！

——チャコが入る。

チャコ　あら、あのお店の桜部長、町田さんは、そこにキチ

ンと行ったんですよ

桜部長　何で、お前さんにそれが分るんだ

チャコ　でも、人の上に立つ上司なら、ちょっと聞いてよ。町田さんは、真っ当、マジメにそこを訪ねたんだから。そうしたら受付の女事務員が出てきて『何用でしょうか』と言うから、『僕は合羽橋の〈握り屋〉から来た者で、請求されてるお金をもう一ヶ月……』と言ったら、その受付女は、突然、廊下を走って、『営業の野口さあん、やっぱり合羽橋からお使いが来ましたよ、何か取り付いて、ギャアガア騒ぎ』と、とんでもない告げ口するから、町田さんもそこに居られず、廊下を走って、工場を巡り、裏手の清掃部屋にかけこんだんです。丁度、便所掃除を終ったおばあちゃんが居たもんだから町田さんは、『ここに直接交渉は、出来なくなってしまった。お婆ちゃん、この工場に関わりある誰か、外部の人知らないかい』と聞いたら、『そうだね、一人、妙なお嬢さんが居て、あたしも仲よかったんだが、ちょっとしたお偉方との言い合いで、居られなくなり、家に帰ったが、時々来るよ』とおっしゃった。その人、会社から蹴散らされたのに何で来られんのと聞いたら、『あたしだって、このクロム向島のカブ持ってんだから』って言うんだよ、ばかりか、カブ持ってよ、上司にカブ見せてやろうかと、詰め寄り、見せてみろって言うんで、ニンジン、大根、その種の株をぶんぶら揺らせたらしいんで、皆で押さえつけ、実家に突っ返されたと言うことまで聞いた。あら、あたし、自分のこと客観的に話しちゃった。これじゃ信じられないね

――町田、ズイと間に入る。

町田　チャコちゃん、それなら、引きつぎ僕が話すよ。それから、この町田は、お婆ちゃんから、そのカブをグルンと回した女の人はどこにいるかと聞いたんだ。そうしたら、向島の手前のある駅の近くで実家がパーマネント屋やってると言うことまで聞き取った。問題は、そこまで会社とトラブル起こした人が、何か頼りになるかどうかとしばらく思案にくれた

――チャコ、また間に入る。

チャコ　代ろうか、そのお婆ちゃんは、きっとこう言ってくれたに違いない。『だって、あのお嬢さんは、浜松への社員旅行のバスの中で、営業の野口さんと〈ウインク合戦〉やったと言うぐらいだから』……（自分の話になって）〈ウインク合戦〉というのはね、バスの中から見て、松が一本一本過ぎてく度に、いつか誘惑してやろうと思ってる人に向かって、『一本過ぎてく、あなたにお瞳パッチンコ』と言うの

町田　百本過ぎたら？

チャコ　もう、クタクタね、誰か目薬かしてくれと言うぐらい

町田　それで、あなたの場合は、パッチンコやった相手が野口さんだったと言うわけですね

チャコ　だったら、あなたも分るでしょ。あたしが、今日《コンニチ》、此の頃も、あの人の耳朶咬んだわけを

町田　僕の耳朶を齧ったのは、では、間に合わせの嘘なんですね

チャコ　あれは本当……だって、健気で上品なんだもん

――片腕にしがみつく。

桜部長　下僕さん、耐えられますか？

下僕　アーメン、あたしも好きな人の、そこ咬みたい、アチャー

桜部長　そういう秘書に、こっちもアッチャです

――仲は黙って聞いている。

桜部長　仲、お前は、なんで、こういう友を、いつまでも遊ばせてんだ⁉

仲　遊ばせてる訳ではありません

桜部長　じゃ、なんだ、そのムッツリは

仲　町田さん、この町ちゃんが、今、頼りにしているチャコさんて方を本当に利用できんのかということなんです

町田　（聞きずてならなくなり）誰に利用だ⁉

仲　野口さんて人にです。その人に話を受けとめられる程のことを、チャコさんが、できるかどうか

チャコ　あたしやるよ、あの手、この術《て》を使ってさ。もうすでに色仕掛けは始まってんだから

町田　（片耳を押さえて）確かに

仲　でも、うちの仕事は新潟県燕市から送られた物に関してのことなんです

桜部長　肝心なことだ

仲　そこには、粗品、造り間違い、あべこべ、逆さま、曲りすぎ、凹み、なんとやら、何が何だか分らない……それを正常に造り直し他人《ひと》の目を魅くように輝き、うっとりさせる……そういう製造をお願いしてる。そういう製品の吹きつけ代を一ヶ月待ってくれという用件で行ったけれど、途中でもう一つの用件が増えた！　それを、チャコさんて方は、野口さんに伝えてないでしょ？

下僕　薄々読めた

桜部長　なんだそれ？

下僕　とあたしに聞いても分らない、脳に空洞が開いているから、部長さまあなただっておっしゃるでしょう。何を言っても、お前の頭は素っぱ抜けだって

チャコ　あたしだって聞き捨てならない。野口さんに取り入って、何かお願いごとをしようと努力しているのに町田さんも仲さんも、もう一つの秘め事を持っているなんて……

町田　（間に入って）それは、あの崖の、タンポポが咲いてる草っ原に仲くんが隠してくれています

――ある方向を指さす。

下僕　行ってみるべし

チャコ　あたしもな

仲　こっちも、ウッカリしてられん

――と、仲も駈け出した。桜部長と町田を残して。

桜部長　おい町田、もう一つ大事な話がある

町田　なんでしょか

桜部長　うちの顧問をやってる三角《みすみ》弁護士がな、向島クロムに行く前に、お前らが、どこで何をしていたかをきっちり説明させるべきだと言うんだ

町田　なぜ？

桜部長　従業員の給与日誌に、その筋を記帳しなければ、税務署への届けに不備があると突っ込まれるかもしれんだと

町田　思いすぎですよ

桜部長　いや、その前から、お前ら、目を付けられてんだ、サボタージュしていると

町田　サボ……

桜部長　さぼっていると

町田　今度、話しをつけます

桜部長　いや、ここにも来るぞ

――町田は不安になってくる。そこへ走ってきた一人の女性とぶつかり、ドンッ。二人とも、仰向けに倒れる。

町田　なんで体当りしてくんですか

その女性　すいません、体をもてあましてて

町田　当るなら、壁か電柱にやりゃいいでしょ

その女性　でも、貴方が、そこに居たから

――逃げる。

その女性　どなたか、皆さん、ここで、パーマ屋のチャコちゃんを見なかったでしょうか？

――町田は止まり

町田　だったら、さっきまで話してましたが

桜部長　下僕さんは、どこへ行ったんだろう、……町田、さっき言ったことちゃんと考えとけよ

――下僕を探してそこを、一度、引き上げる。

当った女性　（探して）チャコさあん

町田　二人とも、反対方向に行ってさがしましょうか

その女性　いいの？　そんなことまでして頂いて

町田　ぼくはあっちの方

その女性　わたしは、今、出てきた方へ

町田　その前にお名前は？

その女性　わたしね、そっちの方の、ウドン屋〈ササ、召しあがれ〉のですな、ナナと申します

町田　ナナか

そのナナ　ナナはな、ウドンにかける七味から取りましたわ

町田　さ、ぼくは、お店の中を一度のぞいて

そのナナ　早く出てきてよ。伝えたいことあるんだから、そんなにグズグズしてられんの

――土手の上を右手から、チャコが出てくる。ナナは、左手から小走りで。

ナナ　あ、居た

チャコ　ほいさか。どういたしましたか

――二人になる。

ナナ　だって、あの預かったもの、長すぎるよ。一度は、店の呼びこみ旗にして、高く立てたけれど、風が強い日は折れそうで……

チャコ　そうか。使ってと言って渡したものも、限界来たか

ナナ　しょせんは一米だよ。短いんで、竹竿と繋げたんだけど。途中で、ヘロヘロに曲っちまってね。それで、一度返そうかと思い

チャコ　でも、うちだって、そんな長い物、利用できないよ

ナナ　とは言うけれど、父ちゃんが、もらってきた所へ突っ返せって

――土手を上がって、引きずってきたものを引っぱり出す。長い。引ききれない。店で使っていた女たちに声かける。

ナナ　ネギ、ワリバシ、天カス、それを、こっちの方に押しだして

――三人は、長い竿の根を抱え、押す、〈ササッ一杯召し上がれ〉の旗もついてるが、地面をひきずる。

ネギ　もっと押そうか

ワリバシ　でも、アタシ、旗を踏んじゃった
天カス　あたしなんか、結びめで、鼻をこすってさ
ナナ　チャコちゃん、あんたは、これを預かってくれって言うからさ、こうして今日まで応用したけど、元々、これは何なのよ

――町田が戻ってくる。

町田　あ、お二人、会ってたか
チャコ　だけど、使いようがなくて、それ、ジャマ物よ
町田　ジャマ物……
チャコ　だいたいから、ズブ濡れのあんたが、その一端を持ってきて、パーマ屋の鏡の下に隠してくれってやったけど、客は、蹴つまずき、ウドン屋で使ってくれって、あたしが頼んだものなのよ
町田　それは、仲くんと泳いであの中州まで行った時、溺れかかり、必死に砂場から立ったものの根にかじりついた……そういう物なんです
チャコ　だったら命の恩人？
町田　人じゃないから、壊れた櫓です

――ナナ、チャコ、その棒の先端を見て、後退る。

チョコ　長さは、一米程のものよね
町田　はい、しがみついて、へし折れたものですから
チャコ　そんなもの、なんで、泥海から持ってきたのよ
町田　証しになると思って
チャコ　なんの
町田　営業の
チャコ　どこの営業？
町田　会社の
チャコ　泳いで、客を探すのかい
ナナ　チャコちゃん、ちょっと言いすぎよ
チャコ　じゃ、ゴミに製品売りつけな
ナナ　……また
チャコ　でも、こういう無用な男がさ、あたしら女を、キャバクラに売りとばすのよ
町田　あんな所に売りゃしません
チャコ　売ってよ、ガッポリ、かせぎたいんですから
町田　チャコさん
チャコ　なんだ、このゼゲン
町田　あんたは、ぼくの会社まで覗きに来たヒトでしょ。どんな仕事をして、立場に、どううろたえているのかと
チャコ　行ったけど、そのダメな程度を見に行ったんだ。あたしの、いつか現われるラバー（愛人）は、きっと、あんな下積みにさせやしないと願って――
町田　――
ナナ　（町田にしがみついて）大丈夫よ、大丈夫っ。うちで、ウドンを一杯すすりゃ、きっと元気が出るからね

――桜部長が戻ってくる。

桜部長　（町田を見て）ああ、まだそこにいたか
町田　はい
桜部長　丁度、向うから三角さんが来られてな。確認したいんだって。どうぞ三角さん、こっちですよぉ

――弁護士の三角が、黒いカバンを抱えて、土手の向うから来た。

三角　すぐに済む、私も他の急用を抱えてな
桜部長　どうだ町田、三角さんに申しひらくことあるな

町田　ですから、用件を済ませる前に泳いでしまったんです

三角　しばしの休息か

町田　そう理解してくれると、ありがたいのですが

三角　それで、どこまで行ったって？　抜き手を切って

町田　あの綾瀬川の突端までです

三角　（遠くを見て）よく、そんな所まで行けたな……

町田　何度も溺れかかりました。持ったバケツに、スーパーでもらったビニ袋を握ってましたので――

三角　それで、溺れなかった訳は？　何かが、君らを拾ってくれたのかね？

町田　いいえ、必死の思いで、しがみついていたんです。三角州の中から突き出たものに

三角　なにそれ

桜部長　ここだ、証明するかどうか

――町田は見回している。

桜部長　どこを見てんだ

三角　ごまかそうとしないでね

――町田は、息を深く吸いこんで言う。

町田　櫓です。今、ナナさんが引きずってる棒の先の、竹ん棒から、今、折れかかっている

――ナナは、持ち上げてみる。繋いだ所からべりっと折れる。

チャコ　ありゃりゃ、このナナはっ！

――そこへ、仲くんが戻ってくる。折れた先の櫓を、桜部長はひろう。

三角　本当に櫓なのか

桜部長　お確め下さい

――渡す。

三角　いろんな物がくっついてるな……なんだろ、これは。櫓にがっちり、しがみついてて

町田　蠣の貝、シッタカ、フジ壺

三角　それも乾いて蓋を開けてる

桜部長　下手して手でさわると、切れますよ

――先端の貝とは異ったある物を見つける。

三角　や、これは、貝とは、まったく違うぞ。なんだこの、ナメクジを平たくさせたの

町田　……ヒトデ

三角　そうか、桜君、それは、張りついたら、血を吸ったりしないか？

――仲、一言入れる。

仲　あなたの血など吸いません

三角　五角形がまた爪を五つ伸ばしてるみたいだな。乾いて、こんなの、標本にするのかよっ

――ナナの前でドサリと落とし、皮靴の踵で、踏みつぶす。ヒトデは、乾いているので、砕ける。

ナナ　（その三角の足にかじりついて）やめて下さい。これも、ウドン屋の店先で飾り物にしてたんですから

三角　そん五角形を弁護できるかっ

――ナナを手で押しのける。仰向けに倒れる。

ナナ　（三人の見習いに）ちょっと、一度店に戻ろう

――と走り下りてく。三角と桜は仲くんに気がつく。

桜部長　ああ、仲、お前は、この櫓、棒をな片づけておけ

仲　……

町田　いいよ仲くん、チャコさんと、また使い道考えるから

チャコ　（町田に）そうだね、父ちゃんにも相談するから。（寄り添い）町田さん、さっきは、ひどいこと言っちゃってゴメンね

――そこへ、馬の蹄も高く誰かがとびこんでくる。前髪は、さっそうと揺れ、腰には、刀をたばさんでいる。――その侍は、桜と三角の前に立ちはだかる。

侍　てめら、さっきは、よくもこの俺を、タワケにさしたな

桜部長　だから何だ

侍　ぶった切ってやる

――刀に手をかける。

三角　誰だ⁉

――………。

侍　そこのウドン屋の佐々木小次郎だあ

チャコ　あ、ナナちゃんだ、そうか、こういう正体でもあったのか

町田　仲くん、小次郎だ

仲　燕返しの術みたい

桜部長　切れるものか。そんな刀で、オモチャのグンニャリお刀で

三角　血なんか出ないよ

小次郎　出る。お前ら自身の悲鳴がな

桜部長　どんなヒメイだ

小次郎　会社の、家庭の、電車の中での

桜部長　（三角に）行きましょ、そんなの聞く前に

三角　だね、別用も待ってるし

――と背を見せる。

小次郎　待てぇ、この切られんの

――追っていく。

チャコ　じゃ、あたしは、もう少し預かってくれって頼んでくるね

――店の方へ下りていく。町田は転がった櫓をひろう。そこにつく貝……そして先端のポロポロになった海星の残りをさわる。そこへ、一人、律子さんが土手に上がってくる。

律子　ああ、お一人？

――川っ風に吹かれて、少し、うろたえ……

町田　さっきはお二人で居ましたね、恋人の野口さんという方と

律子　そんな風に見えましたの？

町田　でも、そうなんでしょう

律子　先程ね、この駅の辺りを一周して来ようと、二人で、町の商店街に入ったんですよ。そして、一軒の古本屋を見つけて、私は、その中に入りましたが、あの野口さんは、『ボクは、ブック（本）は苦手なんですよ、もっぱらネットですから』と、私を置いて、スタスタ行っておしまいになったの

町田　ネットですか、今はそれで、皆、暮らしの情報を流してますからね

――律子はこの時、ハッとする。二、三歩、後退ったりすすすスのス。

町田　は？

律子　野口さん⁉　野口さんではありませんか？

町田　いえ、マチダです

律子　嘘です

町田　ご冗談ですか
律子　だってその耳朶、チャコ様に咬まれて腫れあがり、張ってたバンドエイドはさらりと捨ててる
町田　あのね、律子さん
律子　声まで、本当の、マジの野口さんです。私は、あの人が、虚飾の野口を名乗ってる。その背広や、ネクタイ、シャツをかなぐり捨てれば、きっと裸の野口がそこに立つ。そう思い、お付きあいしていたのですが、いつか、向うから、自然に、服をかなぐり捨てもせず、本命の野口さんが、私を待って、そこに立つ。そう思い願っていたんです。お願いします。一発見て、そういう方だ、月光を背に浴び私の心を摑むため、待っててくれる。そうして、ふざけん坊のあなたは、近づき私の耳にこう囁く。『きみ、まだ処女かい？』って
町田　律子さん、そんな失礼なこと絶対に言いません
律子　ほら、そうして、下品なことにカッカする。人の頭の中では、いつも、上品なことと、下品なことが渦を巻いているのに、清らかな滝にいつもそれを浴びてる、あなたは、つい出たあたしの下品さを許さない
町田　そんなことありません
律子　なにが？
町田　ぼくは卑怯な男です。あなたと野口さんの逢引きを、さっきこっそり見てて、『あの女、一発コマしてやろうか』なんて思ったぐらいですから
律子　コマスってなあに？
町田　犯すことです
律子　あなたにだったら、私は許す
町田　どうぞ許さないで下さい。そういう自分を呪います
律子　そういう所が、裸の野口。赤裸々な男一丁でございます
町田　今、ふと思ったんですが、ネットにふける野口さんと違い、あなたは古本屋を漁る方なんですか？
律子　ええ、埋もれている書々、ブックの中から、涙のすすり泣き雄叫びが聞こえてくるようで
町田　すばらしい読者だっ
律子　いえ、と言っても、物も読めない通行人。あれらの本の前を通ると、風に頁がめくれて、この一行、この間合い、さらなる役々の思い込みを、さらって行けと、誰かが言ってるような気がします
町田　誰です？
律子　出版社
町田　うそだ、あなたは今、僕の問いに体をひねった。何が古本屋のブックの中から聞こえんですか
律子　野口さん、それは、主題、テーマよ、観念っ！
町田　（その観念に答えられず）観念か……カン忍して下さあい
律子　（うずくまる町田の肩に手をかけ）でも、あなたはそれだってよく御存知よ。そんな思想、観念だって古くなってゆくのを——
町田　（手を払い）ならせっか、古くになんて——
律子　（抱きつき）やっぱり、それが野口さん、わたしが待ってた野口の君《きみ》よ

——そこへ桜部長に下僕さんたちが戻ってくる。仲くんは両手に二つのバケツを摑んでいて、下僕さんは丸

桜部長　――めた一丁のゴザを肩に担いでる。
おおい、遂に見つけたぞ
――走って来たので、皆、ハアハアしている。下からチャコも上がってくる。その中に野口さえ混じっているので、町田は抱きつく律子を振りほどき……野口の前に土下座する。

町田　野口さん、願い事があります

律子　このあたしを、譲ってくれと言うのね。野口さんから本当の野口に

野口　律子さん、そんなことが、できるわけはないと、この恋人は思っています

桜部長　（割り込んで）お話中、すみませんが、こちらの方を先に進ませて下さい

野口　じゃ、これだけは言わせて下さい、律子さんの目の前で。（町田に）何を君は言いたかったのだ

町田　あなたの工場で、或る物を正常に戻して欲しいのです

桜部長　それはこれだろ
――と指を指す。仲が、握っている二つのバケツを、下僕さんは、丸めたゴザを敷く。

桜部長　これなら、少し見覚えあるよ、バケツだけわな。だが問題は中身だ、町田、仲、それはどうしてこうなったんだ

チャコも　部長が、こういうもの積んである壁の方にグイグイ押しつけたからよ

桜部長　その時だって、こんなじゃなかった

仲　だから、それは、僕が悪いんです
――律子も、近寄ってバケツの中を覗き町田の肩に手をかける。

律子　町ちゃんの野口さん、どうぞ、静かにおっしゃって

野口　野口は、ここだ

律子　ああ、そういう野口もそこに居たっけ

桜部長　言え、中の物は、なんでこう変色したのか

仲　泳いだからです、あの三角州まで。（指さす）バケツは、丁度見つけた盥の上に乗せ、向うまで着いてから水が来ない所まで引き上げておきました。でも、あと思ったら、海は満潮になり……（町田の手を取り、ゆさぶって）町ちゃん、ここであんたから言ってくれ、あの満潮の迫る速さを

町田　水が来て、あのバケツを持って逃げたらもう潮《うしお》に浸かっていました。それから俺たちは、それを盥にのせて、またこっちまで泳いで来たんだ。なにしろ、その中身のために、この鐘ヶ淵まで来たんだから。でも、どう言ったって言い訳になるんだ、仲ちゃん

仲　じゃ、歌ってごまかせ

町田　声もきっと震えるよ

チャコ　町ちゃん、歌って逃げな

律子　引っこめ、パーマネント屋

町田　〽あの潮《しぶき》よ、
　　も一度戻れ
どこにって、
　　引き潮に
そうすりゃ、海の波の
　鏡を見せよう〽
――桜部長に肩を摑まれる。

桜部長　歌ってる場合か

――野口も横に来る。

野口　言ってくれ、そのバケツに入ってる物は何なのか

町田　……シャジ

野口　しゃじって？

町田　潮で錆びてる……スプーンです

――仲くんが、一つのバケツを、二つめのバケツを傾ける。広げられたゴザの上に錆びた匙がこぼれ、小さな山のように積まれた。握りのところは、少し銀の色が残っているものの、あらかた茶色に染まってている。戻ってきた小次郎のナナも、その散らばった物を見下ろしている。パーマネント屋の波さんも。

二幕の序

――薄黒幕の前でナナと仲が向い合ってる。ナナが小次郎の姿で、飛びくるツバメを切ろうとしている。例のあの刀で。ツバメは、羽をつけた仲君である。鞘は、ネギが持って、ささげている。

仲　切りましたか？　この羽を

小次郎　だめだ、手が震えて

仲　どうしてっ

小次郎　この谷あいには、錆びた風が吹いている。仲くん、分るだろ、あの腐蝕した風の粉

仲　分らねぇよ、小次郎は、長干し竿と呼ばれる剣を振るってりゃいいんだ

小次郎　短いよおっ

仲　本当に、ナナの小次郎、オレの羽を切ってくれよお

小次郎　やだ、とんでけスイスウイ。お前には、出来る仕事と、ムリなのが分らないんだ

仲　小次郎こそムリなんだ

小次郎　本当に切るぞ

仲　（及び腰で）キャッ、サイナラー

――と、どこかへ行く。薄い幕はスッと引かれていく。そしてクロムメッキ向島の前へ。

二幕　クロムメッキ向島の前

工場の入口と小さな門がある。その正面の左側にカーキ色のテント屋根を張って、路上古本店ができている。奥に本棚があり、古本などが並び詰まってる。本屋の主人だろうか店前に倒れ、ふるえてる。麦ワラ帽子を冠り、片方だけのサングラスをかけており、髪は黒と白い毛が混じり、顎ひげも古汚く、地を這っているではないか。うめく声も聞こえる。どうしたのか、この人は……　律子が通りかかる。哀れと思ったか、近付いて、肩を起こす。

律子　どうされましたか？
古本屋のその男　ここ三日、何も食べていなくて
律子　どうして？
その男　長編小説を終りまで読もうとしたため
律子　三日も？
その男　は、は、はい
律子　（しみじみ見て）空いたグラスからよおく見ると、私の追いかけた野口さんと、どこか似ている
その男　いえ、そこの工場の野口さんの足許にも及びません
律子　本の話だけど、どんな長編を、お読みになったの
その男　七巻もあるものです
律子　へえ、そんな大作？　なんての……
その男　（立って）一九一二年から一九二七年まで刊行されたものです
律子　あたしも本には詳しいけど、だから、それは何ていう題よ
その男　À la recherche du temps perdu
律子　分らない、訳して
その男　プルーストの〈失われた時を求めて〉です
律子　あれか難解な……誰の訳で？
その男　原書です
律子　んまあー、フランス語分るの？
その男　分りません
律子　じゃ、原書のどこを読んだんですか
その男　買った古本屋……この向島のいくつもの手前の駅ですが、そこの古本屋のお爺ちゃんに、あらましと筋を聞いたものですから、行間の中にそれを空想して
律子　ごはんも食べないで？
その男　ラーメン屋の流れてくるツユの匂いだけ嗅いで
律子　うそよ、あなたは何か、うさん臭い……古本屋だと言うのなら、あたしの愛読している本のことをおっしゃいなさいな
その男　あなたのね
律子　分らないでしょ
その男　いえ、その古本屋のお爺ちゃんから、貴婦人のような方が見えて、本を買って、領収書も下さいと言われたので〈六門寺律子様〉と書いたと言ってました
律子　じゃ、言ってごらんなさいよ、その時の私の愛読書を
その男　ヴィクトル・ユゴーの〈レ・ミゼラブル〉でしょ
律子　（後退ってしまい）じゃ、その中味を言ってみて下さいませんか

その男　主人公は、ジャン・バル・ジャンで、パン一個盗んだだけで、牢獄に入れられてしまうのです。それも19年間っ。だから、〈レ・ミゼラブル〉は、ああ、無情という意味です！

―律子は座り込んで泣いている。

律子　パン一個で19年か……

―近づき、古本屋は肩に片手を添える。

その男　でもその19年には、格子の向うの青空と町をナメつくす風がビュンと吹いていたでしょ。ジャン、もう少しだよ、お前の抱える時が過ぎゆくのは……と

〽だから、そこで
見てみろ、お前の星を、
バル
バル
ジャンよ
星は斜めに横切って、
鉄の格子を、
お前の鎖も
溶かして
海の底へ
沈めにゆくよ〽

―その時、風に、片っ方のサングラスが落ちる。

律子　（見上げて、）あ、やっぱり、野口さん

―町田は見破られてしまった。

町田　すみません、こんな格好をして、あなたを待ち受けてしまい……。本当は町田です

律子　なぜ

町田　（ここは本気で前に歩み寄って）頼みがあります。あなたにしか、すがりつけないものが（まだ落ちたサングラスを拾い）分かって下さい

律子　まだ、何もおっしゃっておりませんが

町田　婚約者のあなたなら取りなしてくれると思ったんです

律子　誰と？

町田　ここの野口さんと

律子　そのために、あたしを橋渡しにするのね？

町田　はい

律子　怒らない。古本屋の町田さん。先程の歌は、千金、万金に値します。なんですか、あの終りの「星が、鎖を溶かして、海底に持ってゆく……」なんて。町田さん……とこれから言い変えます。〈何でもやります〉あなたの要望することは

町田　それは、錆びてしまった匙のことなんです

律子　ああ、あれなら、私は、そのまま、カレーライスをすくって食べちゃいます

町田　……それで、野口さんは、この工場の腕利きですから

……

律子　あんなヤローに何をお頼みなんでしょか

町田　『聞いてあげなさいよ、あの古本屋の町田さんの言うことを』と言って欲しいんで、あります

律子　カンタン、巷《ちまた》の詩人、あたし、何でもやっちゃるぜぇ

―この時、仲が、目の前を逃げてくる。追っているのは、チャコさんだ。町田も律子も、少し隠れる。

仲　（逃げながら、後ろに）ボクは、だから知りませんよ、あの町ちゃんの、恋の相手なんて――

——スコスコ行った。町田は、聞きずてならず「仲くん、僕の恋は、明日の鯉さ」と追っていく。チャコさんが追ってくる。

チャコ　待って、仲さん、わたしは、あの町ちゃんの、無いものねだりが気になって、この向島まで、来たんじゃないのさ

——律子は後退り、古本屋の奥の椅子に座っている。

チャコ　ワタシは思いを歌には、できない。ハアハア息つき、パクパク口をトンがらすだけ。だから、歌の代りに喋ってやるのさ……〽チャコ、チョコチョコ　チャンコ、でも、チャンコ鍋には入りませんよ　チョコチョコ走りで、壁にぶつかり（たしかに跳ね返ってきて）もんどり受けて（地に体を曲げて、また立ち）ハッシとにらむ、あたしの恋の星は、いつ、来るのかしらと、もう耳朶を咬むのは沢山、恋のコトバに飢えている。それを言ってくれるのは、町ちゃんだけよ。だれも、それを知らないけれど、あの人—あたし、言ったのよ、『チャコさん、あなたのチャコは千の夜の子なんだ』って……うわあ、町ちゃん、どこにいるのさ、この千の児を置いてさ

——と走って追い求める。律子だけが、ハタキで、古本の埃を払っている。工場の中から野口が出てきて、そんな律子に気がつく。

野口　律子さん、そんな所で、何をしてんですか

律子　古本屋

野口　そんな時代遅れは後にして、ネッ、で、株、金、ドル、円、の相場の値上りを共に見ましょうよ

律子　そんなことより、貴方は、私にパンを盗んで、こられませんか？

野口　カンタン、そこのピザ屋ならば、ナアナアの、つき合いですから……すぐに

——と言って、横丁に入り、すぐもらい、早い。渡そうと、コッペパンを差しだす。

律子　盗んできたの？　もらったの？

野口　サービス。顔見知りですからね

律子　お願い、カッパラって来てくれませんか

野口　そんなこと出来ません。ここら周辺では、陰ながらのゴシップになって、あそこの工場、あそこの人夫は、やはりそんな類いだったのね、なんて評ババンコ、落しますからね

律子　今、評の後になにか、グチャ、グチャ言ったわね。それ何？

野口　もういいじゃありませんか、パンパンッ一個のことで

律子　パンパン……ていつの時代のコトバでしょうか

野口　パン一個のために、焼跡で、身体のみさおを売った女性のことですよ

律子　（また、さっきの町田の歌を思い出してか）……19年もパンパンを？

野口　〽あのね、このね、
それは、あっという間でしょ
女の体は、便利にできてる
パンからピザへ急発進
チンカン線で、北から南へ
ちんこの識別チャチャンと知って〽

律子　正体でましたわよ、その下品

――チャコも戻ってきて聞いていた。

チャコ　凄いのよ、あの手、この手の、女たらしの噂巡りは

野口　出鱈目言うよ、お前さんは。しかも六門寺律子さんの前で

――律子は古本を持って出てきている。間に入って。

律子　ではチャコさん、どんな噂なの?

チャコ　次々と取り替えるんです。あの時だって、ボク、イタリア・ナポリから帰ってきたんだ、どう、耳の辺りにドン・ジョバンニの匂いがしないかいなんて格好つけるから、ガブリと

律子　野口さん、そう言われて反論しないの?

野口　僕は、ただ女性の尻を追いかけているわけじゃないんです。あなたのような、処女の初雪を探し求めているのです

チャコ　じゃ、その耳朶の歯型は何なのよ

野口　これはジェラシィの蝙蝠に咬まれたもんだ

チャコ　そうして、あたしをコーモリにしたわね

律子　まあまあ、お待ちなさいな。大人気ないそのやり取りは、私の知る野口さんなら、こんな口論は、(見上げ)あの〈浮雲〉が、雨を降らして叱っていくわ

チャコ　お嬢様、今、うまいことおっしゃった。わたし協力してみたくなったよ

――そこへ町田と仲くんが戻ってくる。仲くんは、ボストンバッグを片手に持って。

町田　あ、お二人が揃ってましたか

律子　あたしなんか、お留守した古本屋の番をして

町田　(律子を見て)それで、お願いしてくれましたか?

律子　――

野口　ハッキリ、本人の私に言ったらどうだ。律子さんを介さずに

町田　では言います

仲　(冷々として)いいのかよ、町ちゃん、そんなストレートで

野口　(町田に)何だい、こちらは、待ち受けて、間がもたんぞ

町田　匙を正常に戻して欲しいんです。あの錆びたスプーンを

野口　どこで?

町田　あなたの工場で

野口　できるか、そんなこと、できると思っちまった根拠はどこにある

町田　看板も出ています。向島の〈クロム・メッキ〉専用工場と

野口　だから、うちの工場で、どこまで、君の要求ができると思っているんだ。大体からして、きみは分っているのか、〈クロム〉とはなにか

町田　それは、金属元素CR。銀白色で硬く耐食性に優れ、合金の材料として重要。メッキなどに欠かせない化学合金材です

野口　では、それを使ってどう戻す

町田　お宅の工場なら、いとも、た易く、先ず、海水で変色した茶の濁りを洗い落とし、クロムの使用によって、銀白色の光沢を光らしてくれるでしょう

――こうした化学話を、手に汗を握って、周りの者らは

——聞いている。

野口　がな……それは、この工場の神経を使った防御施設の中でしかできない。しかも、今では、クロム、メッキ使用の扱いは、とても厳しくなっており、その過程で台所などの水に浸ったそれを流したら、潜って水道管などにも触れ、どんな亀裂を起こすか知れやもするので、工場以外の他の場所で使われてみろ。うちの噂は、あっちこっちに伝わるだろう。こんなこと、きみの店に品物を送る新潟県燕市の大林工業に伝えたらどうなるか、分っているのか

——いつか、洋食器屋の桜部長も来て、聞いていた。

桜部長　（前に出て）野口さん、それはどうぞ、目をつぶってお見逃し下さい。そんなことされたら、うちは破産して、路頭に迷います

野口　だろうね

桜部長　（仲に）だから、この町田は何をするか分らない。見張っていろと言ったんじゃないか

——律子さんはどうしたら、この限界を支えてくれるのか。この工場のスポンサーは……、すると前に出た、

——小説の〈浮雲〉を持ったまま。

律子　それなら、使ったクロムは、土の中に埋めればいいじゃないの

野口　律子様、そんな土がどこにあるんですか。ゴミの夢の島にだってないんですよ

律子　あるわ、私の頭の中に

——皆、なんだ？と見つめる。もう一冊の本も持っていた。

野口　その頭の脳味噌の中に

律子　鬼怒川の大地を描いた長塚節の〈土〉よ

町田　うわあ、本棚にそんなのも入ってましたか

律子　一九一二年に発刊された……町ちゃん、これもジャンバルジャンに負けない不憫な話よ

——けじめをつけた野口の話で、桜も陰から見ていた下僕も後退っていく。チャコさえも。親爺の波髪がこっちに来いと誘っているからか。律子だけが、遠くからこのなりゆきを見ている。

仲　行っちまったよ、チャコさんさえ

町田　——

仲　申しあげます、兄貴ちゃんよ。俺たちは、何でこんな物に拘っているんだ？

町田　——

仲　こんなのさ

——とボストンバッグに詰めこんでいたバケツを取りだす。その中にあの錆びたスプーンは入っている。二つあったバケツの中身は、一つのバケツに詰めこまれて、重い。

仲　もういいじゃないか、どっかに捨てて

町田　——

仲　黙ってたって、こんなの持ってさまよったら、うちの店にも戻れんぞ

町田　『そこの古本屋だって、店に一週間のアルバイト届けを出してやったけど、回転している店の営業にアルバイトなんて、誰も許さんよ』と君は言ったね

——バケツを置く。仲はもう持ちきれない。

仲　それがどうした

町田　だから、君だけ、お店に戻れ

仲　もうそれもできないよ。共犯だから

町田　じゃ、僕……持つ

——置かれたそのバケツを握った。

仲　なぜ

町田　店の名のとおり、〈握り屋〉だから

仲　じゃトボトボ行きな。それで、誰も喰わないカレーライスを、すくいによ

——**弟分としては冷たい。そこで、律子が、町田の前に立つ。**

律子　あなたは知ってる、その手とバケツが〈無用者《もの》〉と嘲《あざけ》られ、どんな夜空を見上げていくのか

仲　その女、きれいに言うな。こんなの、錆びた匙持つホームレスだぞ

町田　（律子の願いに少し応じる）じゃ歌います、そこの工場のスポンサーさん……

〽星は斜めに横切って
鉄の格子を
お前の鎖も
溶かして
海の底へ
沈めにゆくよ〽

——**この時、上手から、段ボールの箱が近づいてくる。**

仲　あ、また来た、逃げるよ、ツバメは

——**小次郎のナナは、それを追ってくる。**

町田　その刀、今度は誰に向かって振ってんだ

小次郎　ともかく、この場に居る者、どこかへ逃げろ、この小次郎を一人にさせて

——**オモチャの刀を振って、町田、そして仲まで追っ払う。律子は、本屋の陰へ。一人になった。段ボール箱の前に行って、上からトントンと叩く。返事ない。**

小次郎　チャコちゃんだよね、そこに入ってんの

箱　——

小次郎　出てきて、もらってほしいものがあるんだから

——**上蓋開いて、チャコが顔出す**

チャコ　うわあ、ビビッタ

小次郎　今夜ぐらいかな……小次郎姿、見せられんの

チャコ　どうした、侍

小次郎　もう今夜からね、トラック来て、荷を積んで、東京の方へ父ちゃん、引っ越すんだって、この鐘ヶ淵から

チャコ　鐘ヶ淵だって東京だろ

小次郎　いや、中心と言えないって……東京の

チャコ　何言ってやがんだ。お前んとこのオヤジ

小次郎　……それでね、コレと、あ、コレ、コレコレ

チャコ　なんのコレ

小次郎　小次郎の前髪に……その横、横に垂れてる髪房を、記念にもらってほしいんだ

——**髪束を外す。両手に持って垂らして、チャコに差し出す。**

チャコ　だめだよお、もっとやってくれよ、小次郎を！

——**ナナになる。**

ナナ　もう限界、うちの都合で

——**握らせる。受けとらずに箱は逃げる。がすぐに、もらったものを返しに、前へいく。**

チャコ　たのむよ、船の櫓も預けたんじゃあないか

――**箱は石につまずきひっくり返る。ナナの小次郎はもういない。前のめったそれを、仲と町田、そしてチャコの万力が起こしてやる。上蓋を持ちあげてチャコは、前髪を仲の方にさしだす。**

チャコ　燕、この髪を持っててよ。あのナナの変装を思い出すなら

仲　（受けとり）たしかに

――**それで頰を撫でる。**

チャコ　ところでみんな、この箱の看板に何て書いてある？

町田　〈研磨工場ヨチヨチ〉です

チャコ　そして、この工場は――

仲　うむ

チャコ　なんで、ここに来たのか

町田　どうぞ、語ってみて下さい

チャコ　もう一度、喧嘩する気があるならね

町田　だれと？

チャコ　そこの工場の野口さんとやらと

町田　なんのため？

チャコ　ともかく、ケンカ

町田　長いケンカか？

チャコ　そうよ、果てしなく

町田　なんか、その段ボール箱に入ってみたくなった

仲　そんなの、過ぎゆく時間に悪いじゃないか

町田　じゃ、そのヨテヨテ工場、今、外の凪に吹きとばしまあす

――**と段ボールの箱を上から抜いて外に置く。工場長は**

――**もちろんチャコだ。**

町田　チャコさん、もう一度聞きますが、その彼と向かい合って、ジワジワ迫りあったら、何と言って凹ますんですか。僕はダメです。さっきは、こてんぱんに凹まされましたから

チャコ　じゃ今度はこう言おう

町田　どう？

チャコ　ニャロオ、やるなら、そっちの頰っペタ、こすっちまうぞおって

町田　何で？

チャコ　この持ってる紙ヤスリでって

――**と見せる。一枚の平たい紙やすりを。表面はザラリとして手のひら四つ合わせた大きさの。……。皆黙っている。しばらくして、町田が一歩進む。**

町田　ヨチヨチ、良い物を見せてくれたね

チャコ　（手を引っ張って、工場の門の方へ）すぐ行くぞ、あの、頰っぺたが待っているから

――**仲も気がゆらぐ。**

仲　そんな、荒事にむし返して、町ちゃん兄貴、すむのかよ

――**と中に追う。**

律子　ああ、不憫な私はどうしよう

――**そう言いながら古本屋に戻って行き、椅子に座る。**

――**工場の中から野口が、すっとんで逃げてくる。**

野口　あ、律子さん、そこでしたか。中に、あの変な奴らが入ってきたんですよ。もう一度論争しようと。それで口で足らなくなったら、摑り合いの肉弾戦になってもいい。それも飽きたら、武器を持とう……そう言って向こうは、金

属は、今、これしかないと、〈目覚まし時計〉を見せました。只、その時計の持つ所には、鉄の鎖がついてて、横から、あんなので、やられたら耳がつぶれてしまいます。そこでお前の武器はと言うから、こっちは、ペンチを見せました

律子　鎖とペンチね

――中から目覚まし時計を前に押し出す町田とチャコが出てくる。なぜか仲くんが居ない。両者は道具をさしだしている。

野口　律子さん、どうですか、この葛藤を文学で喩えるならば

律子　どうぞ、ご自分でお考えなさい

――あきれられたのか。

チャコ　急所は、あの頬ぺたよ

――目覚まし時計とペンチをかざし、二人は腹這いになる。そして頬とホホが近づき、こすり合う。

町田　チャコさん、こうして今、コスっています

――仲が遅れて出てきた。

仲　任しな、その頬の間に、ジャリッとした物を入れてやる

――いつか、仲の手に移っていた紙やすり。それで、腹這ってる野口の頬にピッタンコ付着させる。

町田　(立って)仲くん、そこまでにしろ、ケガさしちゃうぞっ

仲　じゃ、髪の毛一本にジャリジャリだっ

――頬ぺたから、そちらに移る。引きあげると、髪全部が抜ける。鬘だった。光るその頭。律子はそれを指して、ある小説を思い出した。

律子　あ、アンナ・禿ニャーニ

町田　禿じゃありません。あれは、『アンナ・カレーニナ』『戦争と平和』『イワンの馬鹿』『復活』『クロイツェル・ソナタ』『イワン・イリーイッチの死』それらに連なるトルストイの代表作です

――野口は頭を隠し、鬘をひろって逃げる。

律子　待って野口さん、その『カレーニナ』について、私、話してあげます

――と温情を込めて追っていく。仲はそれを追いかけ、かけるが、町田が止める。持ったその紙を頂く。

チャコ　(二人に)こする前にスタコラ逃げたね

町田　……仲君、争う前に、どうしてそれに気がつかなかったんだろ

仲　それって?

町田　ヨチヨチが持ってきた、この紙やすりさ

仲　どういうことかな

町田　クロムなんか要らなかったんだ。この向島に来ることもなかったんだ

チャコ　それで序でに東武線の悪口言わないでね

町田　(その紙やすりをさしだして、薄いものだが、手のひら四つ分のざらざら紙を)錆は、これでこすられたんだ。メッキなんかに頼らず、この変色した金属の泡と亀裂は

仲　(しみじみ見つめ)あ、そうか

チャコ　だからヨチヨチの看板は、〈研磨〉と書いてあったんだよ

――と三人は、投げだされていた段ボールの箱工場を起こして立てる。それから古本屋の裏に隠していた、

――バケツを、町田は「ヨッコラショ」と言いながら持ってくる。

町田　さあ磨こうか

仲　全部をかい？

町田　いや、五本と五本、選ばれた錆のシャジ

仲　なぜ、五本ずつなの？

町田　それは、チャコちゃんの手の指数に合わせてさ。ねぇ、千の夜の子さん。片手に五本、もう一つの手にも五本。それで重ねると十本だろう

チャコ　え〜ん、父ちゃん聞いてよ、今のあたしの持ち上げか……方を

――町田は、バケツの中を探《さぐ》って……。

町田　さあ、五本ずつね

仲　（も拾いすくって）おいらも五本

チャコ　あたしは？

町田　確かに五本か、数えてね

チャコ　ああ、何百、何千とありゃいいね

――五本ずつ、錆びた匙は、二人の前に並べられた。

町田　さあ、いこうか

――紙やすりを二つに分ける。

町田　（仲にその片方を渡して）自分の頬ぺた、こするなよ

仲　こする前に、兄貴、ちょと聞かしてくれよ、磨いてそれが銀ピカになったとする

町田　うん

仲　それは、それからどうすんだい？

町田　そこだな

仲　その十本を、レストラン十軒訪ねてさ、一本々々買ってもらうのか

町田　たいしたお金にならないね

チャコ　うちの――

町田　というと？

チャコ　鐘ヶ淵のパーマネント屋で買ってもらうよ

仲　チャコさん、お父さんの悪口言うわけじゃないけど、あの父ちゃんの波さんは、『こんな物、客へのプレゼントにもならないし、この十本で、川底の鐘を、トンチンカンと叩けというのか』なんて言って捨てちゃうよ

チャコ　でもね、うちの父ちゃん、あの親爺はね、ジャムすくう匙にはうるさいのよ

仲　どううるさいのさ

チャコ　イチゴ、アプル、ビワ、すももなんかのびん前に別々の匙置いてね

仲　じゃ、町ちゃん、あの父っつあんに買ってもらおか、というより、あげちゃおか――

町田　（ふと立ち上がり）〈鐘ヶ淵〉だ。そこにこの銀ピカは、蠢きまわる

仲　匙が？

町田　外に五本

仲　そして

町田　内《うち》に五本、重なり合って、鐘の周りを巡ってすすむ

仲　なんだいそれは――

町田　それは、見てみなきゃ分らない

仲　どこで

町田　ここから、四つ、五つの駅を戻って

仲　（指さし）古本屋はどうするんだよ、チャコさんのヨチ

ヨチ段ボール工場は

――チャコは、立って、二、三歩、後退る。

チャコ　あたし見てくる。うちの店あるその駅行って、ボートを借りて、沈んでる物ありそな、運河の上を。だから……

町田　？

チャコ　その重なる五本を磨いておいて下さい

――向こうの方へ駆けだした。反対方向から桜部長と下僕さんが来る。

桜部長　町田、噂はもうすでに伝わってしまってな、殊にこの向島さんの、野口というあの紳士から、新潟県燕市の大林工業にいってしまい、今、そこに大林さんが来られ、控えてられんだ

――その実力者、ツと出る。

大林　田舎者の大林です

桜部長　とんでもない

――大林は、町田を見詰める。

大林　いやあ、私もこの墨田区の、スカイツリーが見える麓に来てみたいと思ってました。ですから、こうして来られ、見上げるのもチャンスです

桜部長　よかった、そうして腹のできたお方で……

下僕　エンジェルを肩に乗せそな……

――大林は前方の頭上を見上げる。

大林　うわあ、高いな、あのツリー。聳え立ってる。あれに夜は、ライトもつくんでしょ？　そしたら、光り輝く塔だ。町田くん、共にあれを見上げれば、話題は、明るく好転しますよ

――町田も見上げてる。が、てっぺんが分らない。

町田　それは、この墨田区の名物なんですね

大林　いや、この現在日本の誇りの塔だよ

町田　ここ何日は、河辺ばかりを、つんのめって歩いて、じっくり見たことはないんです

大林　見たまえ、あの塔のキッ先を

――見上げる。

町田　でも、今日は曇ってて、それが、よく見えま、えません

大林　晴れてるよ

――皆も、あきれて、少し退っていたが、大林の明るい常識で、微笑んでいられた。

大林　町田くん、あの塔がよっく見えてる。が、きみの気性は、その凡俗の観点を、ひっくり返そうとしているお天気屋さんなんだよ

桜部長　そうか、お天気屋さんだったのか

大林　わたしだって、このスカイツリーを見上げたら普通の人とはちがう不安と絶讃を語ってみたくなる

桜部長　どういうもんでしょ

大林　それはな、あんなに高いと〈零戦〉は横を飛ぶのかということなんだ、な、町田くん、君なら分るよね

町田　いえ、そこを生きた世代じゃないし、その時代を知りません

大林　そりゃ、私だって、その頃を生きちゃいません。只、爺ちゃんが、よくお酒を飲みすぎると、なつかしそうに、その零戦の歌をうたうんですよ

――……両手を広げる。

大林　〽ぶんぶん荒鷲、ブンと飛ぶぞ、
見ぃたか、銀翼、この勇姿、日本男子が、精込めて、
育てて、作った我が愛機――〽

――羽をひろげて周ってる。桜も下僕も、それと同じく、町田も、つられて、後尾についた。だが、両手は広げていなくて、手を目の上にかざしてるだけだ。

〽空の守りは引き受けた、
来るなら来てみろ
赤トンボ～〽

大林　（止まり）ああ、弾んだ、心が飛んだ
桜部長　ワタシも
大林　町田くんはどうだった
町田　両手を広げることはできませんでした
大林　太陽が眩しくってか
町田　さっきは曇っていると思ったのに、銀の匙が、それを受け、太陽にその光を返してる。それが、アッチコッチと跳ね返って、この目をいぶかり、お前、遊び過ぎだよと言ってるような気がして、片手を目の前にかざしてしまったんです。すみません、零戦になれなくて……

――大林は、疲れたのか、古本屋の細い棒によりかかる。

大林　そこで、打ち解け合ったところで、町田君、ウチの送った製品のことに話を移しましょうか
町田　はい、このセールスには脱線してます
大林　いや、そんなにすぐ謝らなくてもいいんだよ。私だって、燕市の、あいも変らず、回転しているその仕事に何か風穴をあけてくれるような人と、機会がないものかと思って、ここに来たんだから
町田　……
大林　物を造ると生産だ、そこに需要の連絡ついて、搬出搬入のしきたりできて、それは買い受けるお客様の手に握られ、お皿の中の、おいしいものに差し入れられる。そして、後はお客さまの口が待ってる。飲み込む、そして、スプーンに『ごちそうさん、いいもの、一杯すくってくれたね』なんて言って下さる
町田　はい
大林　きみは、そのお客さんの、口を想像できるか
町田　少しは
大林　少し以外は？
町田　鐘ヶ淵の鐘を、叩きに行きます
大林　スプーンその物自体がか
町田　夜の、あのスカイツリーの光を笑う潮流に沿って流れて。だから波も共にです

――――

大林　今日、この業種の商工会議所に進呈、その資料の点検と介入をお願いしたところだ。おそらく、その波も一緒に調べてくれるだろ。つまり、これを境に取り引きはなくなって、店は転売され、桜部長とその秘書も、きみも、その友達も路頭に迷う。解雇の了解ペーパーに、自己、ジコ、その家の名のハンコを押して
町田　桜部長、下僕さん、仲くんは、この私に関与しなかったことにして下さい。僕と、バケツ一杯の匙だけを追い出して
大林　このどん詰まりをひっくり返す一術《いって》は、まだある

町田 何でもやります
大林 ……風穴をつくってくれ
——……?
町田 どこに
大林 この私たちの、果てしない商売のやりとりに
——……ネギは、事態を見つめている。ネギを首衿から突き出して。二幕の寸劇でも、小次郎のサヤを持っていたあのネギだ。大林が、スカイタワーにうっとりしていると、鼻の穴にネギを入れようとする。
大林 何だ?
ネギ ネギで目を覚まして下さい
大林 覚ませっか
ネギ おそばやウドンが、おいしくなるよに
大林 俺はそんなメン類じゃあない
ネギ いいえ、あなたは、長いドンブリにいつも寝ている
大林 ドンブリカンジョウで、冷かすな
ネギ 〽あたしはネギよ
冷かしネギさ
誰か寄り添い、寝てくれない
このあたしのネギちゃんと〽
〽青い皮に白い茎
むかずに、只、輪切りにしてさ
高い塔などにイカれずに、
この苦(にが)くて辛い
ネギにかみつけ……〽
ナナァ〜、今はどこなの、うちの看板、ネギと共ににゃろおを、やっつけろぉ

ナナ (出てきて)おお、ネギ、あたしに任しな、そのネギでそんの偉そうなやつを、ぶっ叩いてやるから
——一本もらう。
ナナ ずっと話は聞いてたよ。町田さんと部長をな、そんなピンチに追いこむのなら、あんたの口に砂かます。ネギ、こんな奴にネギなんか、もったいない。砂をかまそう、ジャリ砂を
——足元からつかむ。ネギは低く忍び寄ってて、背後から、ガッシと、つかみ、ネギで首をしめていく。
大林 ジャリはやめてくれ。アルフレッド・ジャリさま
町田 あ、ジャリを知ってる
大林 そうなんだ〈ユビュ王〉は、俺の心のキングだ
町田 そう言って、なびいて、ごまかすな、ネギちゃん、砂はやだって言うからさ、ネギをお口に当てちゃいな
ナナ 先ず、この一本から
ネギ ほら、うちの看板、あたしのこの一本貸しますよ
——渡す。
ナナ (それを取り、ジャリ砂は捨て)てっかいいしな、このネギで歯をみがき
——口に当ててる。
大林 くわえよう。が、そうしたら、店の転売は、今夜にも執行されるぞ
——くわえかかる。
桜部長 町田、とめてくれ、あのネギの行くところを
大林 いや、このネギさえ、おいしくさせたる。あのタワーのこの下で
——自ら、ネギを噛んでいる。

大林　（かみながら）明日はどうなる。きみらもワタシも
—くわえて逃げる。桜さんは追っていく。
ナナ　町田さん、あたしらやりすぎたかね
ネギ　謝ろう、まだ間に合ううちに
町田　もういい。鐘ヶ淵の鐘を、ぼくらは打ったんだ
—でも、ナナとネギは追っていく。——。
町田　どんづまりを抜けていくその穴はすぐにできます
—大林は、一人、戻ってきている。
大林　か……
町田　こうして無一物の裸になって、その空気、草っぱ、土の上に飛びこめば——
—と、彼は、一枚脱ぎ、もう一枚、下着さえも、パンツさえ。股は片手で押さえてる。それらを下ろしてる間に皆は去った。町田は、前に飛び込み、もんどり打った。立って振り返る。
町田　穴はどこにつくれたのか、その草っぱ、土の上を、ただ、風が、とぐろを巻いて、もろ肌の僕の背中を撫であげた
—律子はどこから見ていたのか、走ってきて、町田の股、腰の辺りに、バスタオルを巻きつける。
町田　（そのタオルの端をたばさんで、頭を下げる）
律子　（微笑んで首を振るだけ）
—古本屋の奥から、仲君がとびだしてくる。
仲くん　町ちゃん兄貴、銀ピカに磨いたよ
—見せる。
仲くん　それでね、いちおう五本、このぶん投げられてた正月の注連縄《しめなわ》に、さし込んで、ほれ持ってきた
—さしこんだ注連縄を見せる。太い。腕一本ぐらいの輪っかで、中は、五十センチぐらいの幅がある。そこに、五本、銀の銀狼匙は、さしこまれている。片手にもう後の磨いた五本をさし出す。
仲くん　あとは、兄貴五本を渡すよ、このぶっ太い縄によ、さそうとしても、どこが、内部か内側か、オレには見当つかないんだよ
—その五本を、町田は受けとる。律子は、その仲よしに、その場は任して、後退る。注連縄を前にして、町田は、ぐるりと裏返してみたりする。
仲くん　どうだい？
町田　その内側は、やはり、もうさし込み立っているその、触角の間だね
—と、もらった五本の匙を、低い縄の間にさしこむ。
—チャコちゃんが帰ってくる。
チャコ　遅くなって、今、戻ってきたよ。丁度、知り合いの船頭さんが居てね、それに乗っかり、スクリュー回し、一気に、あの駅の沖合いをめざしてたんだ
町田　水の色はどうだった。その深そうなところはさ
チャコ　あい変らず、沖の青海もなだれこんで、まばらでね
仲くん　むずかしいよな、鐘が沈んでるところなんか、見当つけんのはさ
チャコ　うん、小舟はグルッと回ったさ
仲くん　よし
チャコ　そしたらね、底の方から、潜ってた変なのが上がってきて、舟の底みて、あわてて、又、戻ってった。追っかけてきたもう一匹もそれをねらって、上がって戻り

――町田は、もらった五本をさしこみ、その注連縄の中に裸の肩を入れていた。

仲くん　（チャコに）だから、その上ったり沈んだりしているものは、なんだよ、チャコちゃん

チャコ　五角形の

仲くん　頭、両手、両足か……

チャコ　追ってくもう一体を入れたら、十角型か

町田　よいしょ

――なんて言って、通した注連縄を首の方に寄せる。

チャコ　あれは、底で何を喰って生きているんだと、船頭さんに聞いたらば

仲くん　その、そいつらのゴハンだな

チャコ　貝だって

仲くん　貝なら、沖の岩礁だろうが

チャコ　いや、ゴハンだけじゃなくってね、自分の姿を見せたいんだって

仲くん　波に、夜空に？

チャコ　――

仲くん　なんなんだよ、な、町っちゃんさん

チャコ　（町田に）裸で、今、なに背負ってんの？

――……。町田は、チャコを振り返る。

町田　チャコさん、それは今、陸（おか）に上がってる。きみの見てきた五角形。内側にも、いつか伸びてく五角形。

……

仲くん　なんだよ、裸でブルブル震えながら、そんな生物を背負っているのは――？

町田　海星《ひとで》

チャコ　だから、なんか、あたしには、水ん中で、その五角形が歌ってるような気がしたんだな。ねぇ、匙を背負ったヒトデさん

町田　〽水の中の瞳は、
どんなに響く
ゴオン、ガゴオン
淵の間を縫ってゆき〽

――海の星を、かき集めたくって。その鐘が錆びたから。……暗転、この間に町田はズボンを穿いている。明るくなると、町田とチャコ、仲が、匙のついてる注連縄の、その触角に手を添えて。

町田　それから、僕らは、河沿いに、土手、堤の上歩き、都心の合羽橋の方に向かった。なぜだろ、……店の名は〈握り屋〉、店に並んだ銀の匙。そこも、海の底に沈んだ星々で、それに僕は聞きたかった。その星を、どんな手が握んのかと

仲　うん

チャコ　父ちゃ、留守番たのむよぉ

――背を向ける、注連縄の海星が去ってく。律子だけが、それを見送った。その視線と彼らの間を、長い竹竿引きずったナナが横切っていく。

（了）

『海星』小ノート

「海星」のもう一つのヒント

沖に見える島（江の島となっているが）は廃棄物の積みあげられた物ではないか。

そこへ泳ぎ行こうとした男二人の錆びの潮流のからくり。

それをバラされたくないその町と工場の苛立ちが男二人を責める。

——。

その先端の島から突き出ていた舟の櫓に泳ぎ疲れて掴まろうとした。

藤壺の付着している……

俺を掴んだ。そして波に沈んで水くさを飲んだ。

そして、そこまで行った証しに……

折れたその櫓の先を、リュックに入れて持ち帰りその辺りを仕事にしていたことを説明しようとした。

—それは、社の人たちは見ていない。見ようとしていない。

なぜか？

金童ヶ淵の鐘の音を聞いているから。

ドゴオン……「隠せ、この海底の濁りを、伝えたくないならば。」

「なぜ？」

「鐘の音をケシミスクに聞いていたなら。」

p.211～214は、唐十郎が「小ノート」と呼ぶ、『海星』の取材ノートで、B5のクロッキー帳に書かれたもの。戯曲関連の土地やものを取材する時に持参され、外界のメモだけでなく、思索や感情、時にセリフや物語も書く、発動装置となった。現在確認されている『海星』の小ノートを複写掲載した。小ノートの公開は他に『夕坂童子』（2008、岩波書店）がある。

「金はカネだっ」

「ほら、そうして、カネボーの社員になってる」

「なりたい、カネボー」

「鐘は焼いた。そんな響きは」


—o—


[illegible]（艪）にまつわる転用……

それを噛む。

その海底の底を呼ぶ為に……（というのはいかがか？）


—o—


持ち出される艪の先。

噛む、しゃぶる。

そば屋の女店員「七味」辛子」の証言

「共に泳いで行った」と言う。目に見えない女性……艪を隠し持っている。
好きなセールスマンにワリバシを求められただけで。昼食のための……
今でも、ワリバシを持っている。また預けられた艪も、いつ返そうかと。
「その時、思った。ワタシはあなたの艪だと
入れたこいだ。連れたとこへ。あんたの好きな

「海星」のスケールの大きさ、

浦安のあさり売りのジイちゃん、

その孫《マゴ》の藻焼（もゆり）
が売れる。

アサリが喰った……商売上がったり。
アサリの口臭。

工場は工場廃棄物のアッセン事務所
もやっていて、あさりの貝の埋め所も利用し
ようとしている。

銭湯の煙突の横
で旗を振れ
「やってまあよお、いらっしゃい……」
……と。
やっぱりアサリっ。

泡《スワ》

接近したための
手の甲に受けた
その海水。
それは涙が
血の泡か
「近づくな」と言われてやってしまった
海の五角形のゴミの
燈台」

通 桃ニ海の
代りの 桃々
鳴る海(なみ) 鳴り
りんごさ

「お前がゴミ箱って言われて
埋もれてしまった男を救いに来た
同級生中学、世田谷太田青前の
「じいっとしていた」記……彼女を待って
いた。待ってもこないゴミの生かけの女王
様を望んでいた。

唐十郎略年譜 ＝河出書房新社編集部編

一九四〇年（昭和十五年）
二月十一日、東京市下谷区万年町二―十五に映画監督大鶴日出栄、ミネの次男として生まれる。本名大鶴義英。

一九五二年（昭和二十七年）十二歳
三月、区立坂本小学校を卒業。四月、私立駒込中学入学。

一九五五年（昭和三十年）十五歳
三月、私立駒込中学卒業。四月、東邦医大附属高校入学。

一九五八年（昭和三十三年）十八歳
三月、東邦医大付属高校卒業。四月、明治大学文学部演劇学科入学。学内劇団・実験劇場で演劇活動を開始。

一九六一年（昭和三十六年）二十一歳
この頃、小説『懶惰の燈籠』、シナリオ『幽閉者は口あけたまま沈んでいる』を執筆。

一九六二年（昭和三十七年）二十二歳
三月、明治大学文学部演劇学科卒業。卒業論文「怪物への挑戦」百二十枚。劇団「青年芸術劇場」に研究生として入団。翌年四月退団。

一九六三年（昭和三十八年）二十三歳
七月、「シチュエーションの会」旗揚げ公演、サルトル作『恭しき娼婦』。

一九六四年（昭和三十九年）二十四歳
一月、『24時53分〝塔の下〟行は竹早町の駄菓子屋の前で待っている』脱稿、四月、新宿日立レディスクラブホールで上演。六月、第二作『渦巻は壁の中の行く』を上演。夏、杉並区西荻窪に転居。

一九六五年（昭和四十年）二十五歳
二月、俳優座劇場で『煉夢術――白夜の修辞学或いは難破船の舵をどうするか』上演。三月、西銀座数寄屋橋公園で『街頭劇　ミシンとこうもり傘の別離』上演。六月、『月笛葬法』、十二月、『淫劇ジョン・シルバー』お茶の水、日仏会館ホールで上演。

一九六六年（昭和四十一年）二十六歳
四月、新宿戸山ヶ原で『腰巻お仙百個の恥丘』、六月、新宿日立レディスホールで『アリババ』上演。夏、自宅兼稽古場を杉並の本天沼に移す。十月、『腰巻お仙忘却篇』戸山ハイツ野外音楽堂「灰かぐら劇場」。

一九六七年（昭和四十二年）二十七歳
二月、『時夜無銀髪風人（ジョン・シルバー）』新宿ピットイン。五月、『ジョン・シルバー新宿恋しや夜鳴篇』

青山草月会館ホール。八月、『腰巻お仙　義理人情いろはにほへと篇』（『月笛お仙』）新宿花園神社にて紅テント初興行。十二月、『傀儡版壺坂霊験記（アリババ）』再演。

一九六八年（**昭和四十三年**）二十八歳

一月、若松孝二監督『犯された白衣』に主演。三月、『由比正雪』新宿花園神社。杉並の阿佐ヶ谷に移る。四月、長男、大鶴義丹誕生。五月、大島渚監督『新宿泥棒日記』、中島貞夫監督『日本猟奇地帯』出演。『腰巻お仙』（現代思潮社）刊行。三月から六月、新宿花園神社にて『続ジョン・シルバー』。新宿ピット・イン、京都鴨川河原と巡演。

一九六九年（**昭和四十四年**）二十九歳

一月、新宿西口公園で『腰巻お仙振袖火事の巻』強行上演、都市公園法違反で逮捕される。二月、『ジョン・シルバー』（天声出版）刊行。新宿花園神社から追放される。『日本列島南下興行　腰巻お仙　義理人情いろはにほへと篇』、『腰巻お仙　振袖火事の巻』を演し物に浜松、名古屋、京都、広島、福岡、鹿児島、沖縄にて上演。九月、中島貞夫監督『日本暗殺秘録』に出演。秋、早稲田小劇場に『少女仮面』を執筆。十二月、渋谷金王八幡宮『少女都市』上演。

一九七〇年（**昭和四十五年**）三十歳

一月、一九六九年度第十五回岸田國士戯曲賞受賞。二月、キングベルウッドレコードより「愛の床屋」「さすらいの歌」を発売。のちに発売中止。三月、「ボタンヌ袋小路歌謡ショー」。和田嘉訓監督『銭ゲバ』、松本俊夫監督『修羅』に主演。六月、『少女仮面——唐十郎作品集』、『謎の引越少女』（ともに学藝書林刊）。八月、『ジョン・シルバー　愛の乞食篇』上演。九月、『河原者の唄』（思潮社）刊行。

一九七一年（**昭和四十六年**）三十一歳

四月、『吸血姫』上演。七月、『吸血姫』（中央公論社刊）。山中湖に稽古場「乞食城」完成。八〜十月、『少女仮面』、『あれからのジョン・シルバー』上演。十一月、『煉夢術』（中央公論社刊）。

一九七二年（**昭和四十七年**）三十二歳

三月、『二都物語』を戒厳令下の韓国ソウルで初演。詩人金芝河と行動をともにする。四〜六月、『二都物語』、十月、『鐵仮面』上演。五月、『少女と右翼』（徳間書店刊）。十二月、『日本列島南下運動の黙示録』（現代思潮社刊）。

一九七三年（**昭和四十八年**）三十三歳

二月、リサイタル『唐十郎　四角いジャングルに歌う』後楽園ホール。同月、『ベンガルの虎』（新潮社刊）。三月、『ベンガルの虎　白骨街道魔伝』をバングラデシュのダッカ、チッタゴンにて上演、のち、東京上野不忍池水上音楽堂で上演。四月、『わが青春浮浪伝』（講談社刊）。五月、戯曲『盲導犬』を櫻社に執筆。『ズボン』（大和書房刊）。

六月、『青春遊泳ノート』（双葉社刊）。九月『海の牙』上演。秋、雑誌「ドラキュラ」（新樹書房刊）を責任編集（創刊号のみで廃刊）。十二月、『二都物語・鐵仮面』（新潮社刊）。

一九七四年（昭和四十九年） 三十四歳
杉並区成田に稽古場が完成。四～六月、福岡、東京・夢の島、上野不忍池にて『唐版・風の又三郎』上演。七月、同作品アラブ版でレバノン・シリアのパレスチナ・キャンプを巡演。同月、『唐版・風の又三郎』（角川書店刊）。十月、評論集『魔都の群袋』（潮出版刊）、小説『紅疾風』（学藝書林刊）、十一月、小説『幻のセールスマン』（角川書店刊）。十～十一月、『夜叉綺想』（新潮社刊）を上野不忍池で上演。

一九七五年（昭和五十年） 三十五歳
三月、蜷川幸雄演出『唐版　滝の白糸』上演、大映撮影所。四月、『腰巻おぼろ妖鯨篇』（角川書店刊）。四～六月、沖縄、大阪、上野不忍池で同作品を上演。九～十一月、大久保ロケット工場、夢の島、大映撮影所にて『糸姫』上演。

一九七六年（昭和五十一年） 三十六歳
五月、自ら監督した『任俠外伝玄界灘』公開。同月、雑誌「月下の一群」（編集制作・カマル社）を責任編集し出版。六～七月、『下町ホフマン』下北沢、京都下賀茂神社にて上演。七月、『風にテント胸には拳銃』（角川書店刊）。八月、『ハーメルンの鼠』脱稿、「月下の一群」2号に掲載。同月、『恋と蒲団』を渋谷ジァンジァンにて上演。十～十一月、『おちょこの傘持つメリー・ポピンズ』上演。十一月、『ハーメルンの鼠』を劇団第七病棟（石橋蓮司主宰）が上演。

一九七七年（昭和五十二年） 三十七歳
四月、筑豊田川のボタ山にて『蛇姫様　我が心の奈蛇』を上演。五月、『蛇姫様』（中央公論社刊）。五～七月、同作品を東京青山米軍キャンプ横にて上演。十～十一月、『唐版　俳優修業』渋谷百軒店裏で上演。十一月、『唐版　俳優修業』（角川書店刊）。

一九七八年（昭和五十三年） 三十八歳
四～六月、『ユニコン物語　台東区篇』を熊本、大阪、京都、名古屋、東京で上演。五月、『ユニコン物語』（北宋社刊）。六月、『海星、河童―少年小説―』（大和書房刊）。八月、李礼仙とともにニューヨーク滞在。NHK大河ドラマ『黄金の日日』に出演。十～十一月、青山公園にて『河童』上演。十一月、第六回泉鏡花文学賞受賞。

一九七九年（昭和五十四年） 三十九歳
三月、『乞食稼業　唐十郎対談集』（冬樹社刊）。四月、『唐版　犬狼都市』（北宋社刊）。四～六月、『唐版　犬狼都市』上演。福岡、大阪、京都、浜松のあと、十年ぶりの東京新宿公演を行なう。六月、『唐十郎全作品集』（冬樹社刊、全十巻――六巻で中絶）。十～十一月、『青頭巾』上演。十二月、『風に毒舌』（毎日新聞社刊）。

一九八〇年（**昭和五十五年**）四十歳

四～七月、ブラジル・サンパウロ、東京、大阪、京都にて『女シラノ』上演。五月、『紅い戯れ唄』（水兵社刊）、『女シラノ』（白水社刊）、七月、『豹の眼』（毎日新聞社刊）。十一月、東京・両国駅西口構内にて『鉛の心臓』上演。同月、『沼　ふたりの女』（京都書院刊）。

一九八一年（**昭和五十六年**）四十一歳

二月、『下谷万年町物語』（PARCO出版刊）。同月、同作品を蜷川幸雄が演出。五～七月、『お化け煙突物語』上演。十月、『黄金バット　幻想教師出現』（河出書房新社刊）、同月上演。

一九八二年（**昭和五十七年**）四十二歳

一～二月、李礼仙とともにニューヨーク滞在。四月、『唐組　状況劇場全記録』（PARCO出版刊）。五月、『新・二都物語／鉛の心臓』（新評社刊）。五～六月、東京新宿花園神社で『新・二都物語』上演。このとき『二都物語』も同時上演。十一月、小林勝也演出で『秘密の花園』上演。

一九八三年（**昭和五十八年**）四十三歳

一月、『佐川君からの手紙』で第八十八回芥川賞受賞。同月、『佐川君からの手紙』（河出書房新社刊）。二月、蜷川幸雄演出『黒いチューリップ』上演。四月、小説『サンドイッチマン』（大和書房刊）、十一月、『唐十郎血風録』（文藝春秋刊）、小説『御注意あそばせ』（河出書房新社刊）。十～十一月、東京・新宿西口十二社にて『住み込みの女』上演。

一九八四年（**昭和五十九年**）四十四歳

四～七月、福岡、大阪、京都、浜松、福島、盛岡、八戸、東京にて『あるタップダンサーの物語』上演。八月、小説『マウントサタン』（河出書房新社刊）。十月、ＮＨＫ『安寿子の靴』（三枝健起演出）放映。

一九八五年（**昭和六十年**）四十五歳

四～六月、京都、大阪、東京、高山、浜松にて『ジャガーの眼』上演。九～十二月、吉祥寺バウスシアターにて『御注意あそばせ』上演。十月、東京・浅草、大阪、札幌にて劇団第七病棟公演『ビニールの城』（戯曲を提供）。十一月、東京・新宿にて状況劇場若衆公演『少女都市からの呼び声』上演。

一九八六年（**昭和六十一年**）四十六歳

三月、評論集『毀れた模写』（福武書店刊）。四～六月、福岡、京都、大阪、東京、高山、浜松にて『ねじの回転』上演。五月、『ねじの回転』（サンケイ出版刊）。七月、『ジャガーの眼』（沖積社刊）。九～十月、東京、高山、大阪、京都、浜松にて『少女仮面』再演。十一月、ＮＨＫ『匂ひガラス』（三枝健起演出）放映。

一九八七年（昭和六十二年）四十七歳
五月、戯曲『ビニールの城』（沖積社刊）。八月、小説『フランケンシュタインの娘』（福武書店刊）。十一月、ＮＨＫ『雨月の使者』（三枝健起演出）放映。十〜十一月、東京にて劇団第七病棟『湯気の中のナウシカ』上演（戯曲を提供）。

一九八八年（昭和六十三年）四十八歳
四月、李麗仙と協議離婚。状況劇場解散。劇団唐組を結成。四〜五月、安藤忠雄設計の仮設劇場下町唐座にて『さすらいのジェニー』上演。四月、戯曲『さすらいのジェニー』（福武書店刊）。同月、『シェイクスピア幻想』（PARCO出版刊）。八月、下町唐座にて『少女都市からの呼び声』再演。十月、新橋演舞場にて『逢魔が恋暦』（渡辺えり子演出）。

一九八九年（昭和六十四年／平成元年）四十九歳
三月、萩原美和子と再婚。二年間休止していた紅テント公演を復活。三月、日生劇場にて『唐版　滝の白糸』（再演、蜷川幸雄演出）。四〜七月、福岡、大阪、京都、浜松、長野、新潟、仙台、東京にて『電子城―背中だけの騎士』上演。十月、東京、大阪にて『ジャガーの眼』再演。十一月、『盲導犬』（再演、蜷川幸雄演出）。同月、東京にて『電子城―背中だけの騎士』再演。

一九九〇年（平成二年）五十歳
四〜六月、福岡、大阪、京都、名古屋、盛岡、仙台、福島、東京にて『セルロイドの乳首』上演。六月、ＮＨＫ『緑の果て』（三枝健起演出）放映。八月、日本テレビ『離婚・恐婚・連婚』（色川武大原作、森崎東演出）に主演。十〜十一月、東京にて『透明人間』上演。

一九九一年（平成三年）五十一歳
四月、『透明人間』、『電子城Ⅱ―フェロモンの呪縛の巻』（ともに白水社刊）。四〜六月、大阪、京都、東京にて『電子城Ⅱ―フェロモンの呪縛の巻』上演。七月、『蠱惑への傾斜』（河出書房新社刊）。十月、『愛の乞食』、『電子城Ⅱ―フェロモンの呪縛の巻』再演。

一九九二年（平成四年）五十二歳
三〜六月、台北、福岡、大阪、京都、名古屋、仙台、新潟、長野、東京にて『ビンローの封印』上演。五〜六月、劇団第七病棟公演『オルゴールの墓』（戯曲を提供）。十月、東京にて『虹屋敷』上演。同月、戯曲『オルゴールの墓』（リブロポート刊）。

一九九三年（平成五年）五十三歳
四〜六月、岡山、大阪、京都、名古屋、東京にて『桃太郎の母』上演。四月、新宿梁山泊公演『少女都市からの呼び声』（金盾進演出）。八月、ＮＨＫ『青春牡丹灯籠』（三枝健起演出）放映。十月、東京、横浜にて『動物園が消える日』、『桃太郎の母』上演。

一九九四年（平成六年）五十四歳
三月、府中の森芸術劇場内特設テントにて『動物園が消える日』再演。四～六月、大阪、京都、名古屋、仙台、長野、東京にて『匂ひガラス』上演。十月、『孤島』上演。同月、『作家の自伝・唐十郎――わが青春浮浪伝』（日本図書センター刊）。

一九九五年（平成七年）五十五歳
四～六月、大阪、京都、名古屋、仙台、長野、東京にて『裏切りの街』上演。九～十月、『ジャガーの眼―サラマンダ直し版』改訂再演。九月、小説『海ほおずき』（文藝春秋刊）。十月、水戸にて『裏切りの街』再演。十一月、『水の廊下』（エー・ジー出版刊）。十～十一月、劇団第七病棟公演『人さらい』（戯曲を提供）。

一九九六年（平成八年）五十六歳
映画『海ほおずき』（林海象監督）の脚本、主演。四～六月、神戸、大阪、京都、東京ほかにて『模造石榴』上演。十月、渋谷ユーロスペースにて『赤い靴』上演。

一九九七年（平成九年）五十七歳
四月、韓国済州島、ソウル、大阪、東京、水戸ほかにて『海の口笛―渡り海女の伝えより』上演。横浜国立大学教授就任。十～十二月、韓国ソウル、東京にて新宿梁山泊が『盲導犬』を金盾進演出で上演（再演）。十月、水戸、東京にて『ジャガーの眼―サラマンダ直し版』改訂再演。十一月、アンコール公演として東京にて『透明人間』を久保井研演出で上演。

一九九八年（平成十年）五十八歳
一月、流山児★事務所が『愛の乞食』を山崎哲演出で上演。二月、水戸にて『透明人間』を久保井研演出で再演。四～六月、大阪、京都、東京、水戸にて『汚れつちまつた悲しみに……』上演。十月、東京にて『秘密の花園』（改訂の巻）再演。

一九九九年（平成十一年）五十九歳
四～六月、大阪、京都、東京、水戸、仙台にて『眠り草』上演。十月、東京にて『ジゴロ、唐十郎扮する版　秘密の花園』改訂再演。十月、十二月、ニューヨーク、東京にて新宿梁山泊が『少女都市からの呼び声』を金盾進演出で上演。

二〇〇〇年（平成十二年）六十歳
一月、蜷川幸雄演出『唐版　滝の白糸』再演。四～六月、大阪、東京、水戸にて『夜壺』上演。五～六月、劇団第七病棟公演『雨の塔』（戯曲を提供）。六月、新宿梁山泊が『アリババ／愛の乞食』再演。七月、盛岡にて『動物園が消える日・改訂版』上演。九月、小説『蛇行』（新潮社刊）。十月、大阪、東京にて『鯨リチャード』上演。十一月、新宿梁山泊が『吸血姫』再演。

二〇〇一年（平成十三年）六十一歳

一月、横浜国立大学にて第一回唐ゼミ公演『24時53分〝塔の下〟行は竹早町の駄菓子屋の前で待っている』上演。二月、室井尚、金守珍とともにニューヨーク訪問。四〜六月、大阪、豊田、東京、水戸、仙台にて『闇の左手』上演。九〜十月、東京にて『水中花』（『透明人間』改め）上演。

二〇〇二年（平成十四年）六十二歳

一月、四月、東京、横浜にて『赤い靴』再演。四〜六月、岡山、大阪、東京、水戸、長野にて『糸女郎』上演。九月、フジテレビ『北の国から』（倉本聰脚本、杉田成道演出）にトド撃ち猟師役で出演。十月、東京にて『虹屋敷』改訂再演。金守珍監督『夜を賭けて』に出演。

二〇〇三年（平成十五年）六十三歳

四〜六月、大阪、豊田、東京、水戸、長野にて『泥人魚』上演。十月、東京にて『河童』改訂再演。十一月、東京にて『泥人魚』再演。

二〇〇四年（平成十六年）六十四歳

前年の『泥人魚』で第三十八回紀伊國屋演劇賞、第七回鶴屋南北戯曲賞、第五十五回読売文学賞（戯曲部門）を受賞。四月、『泥人魚』（新潮社刊）。四〜六月、大阪、神戸、東京、水戸、仙台にて『津波』上演。十月、新宿にて『眠りオルゴール』（『糸姫』改訂）上演。

二〇〇五年（平成十七年）六十五歳

一月二十九日、横浜国立大学にて『唐十郎教授・最終講義』イベント開催。三月三十一日付で定年退職。四月より近畿大学客員教授。四〜六月、大阪、神戸、豊田、東京、水戸にて『鉛の兵隊』上演。九月、『教室を路地に！』（室井尚と共著。岩波書店刊）。十月、小説集『ガラスの使徒』（アートン刊）。十一月、シアターコクーンにて『調教師』（『透明人間』改題）内藤裕敬演出で上演。金守珍監督『ガラスの使徒』脚本・主演が公開。十二月〜翌年一月、新宿梁山泊『風のほこり』（戯曲を提供）上演。

二〇〇六年（平成十八年）六十六歳

二月、読売演劇大賞栄誉賞受賞。四〜六月、大阪、神戸、水戸、東京にて『紙芝居の絵の町で』上演。四月、評論集『劇的痙攣』（岩波書店刊）、『風のほこり』（右文書院刊）。十月、東京にて『透明人間』上演。十一月、明治大学特別功労賞受賞。

二〇〇七年（平成十九年）六十七歳

四〜六月、大阪、東京、水戸にて『行商人ネモ』上演。十月、東京にて同作品と『眠りオルゴール』再演。十二月、大島新監督『シアトリカル　唐十郎と劇団唐組の記録』公開。

二〇〇八年（平成二十年）六十八歳

四〜六月、大阪、東京、水戸にて『夕坂童子』上演。十月、早稲田大学大隈講堂にて「60年代の演劇」について講演。

同月、東京にて『ジャガーの眼２００８』上演。

二〇〇九年（平成二十一年）六十九歳

一月、小説『朝顔男』（中央公論新社刊）。三月、フランス・ストラスブール大学日本研究所による「検閲、自己検閲、タブー」研究大会で講演。四～六月、大阪、東京、水戸にて『黒手帳に頬紅を』上演。五月、『完全版　佐川君からの手紙』（河出文庫）。十月、東京にて『盲導犬』上演。

二〇一〇年（平成二十二年）七十歳

一月、近畿大学客員教授を退任。四～六月、大阪、東京、水戸にて『百人町』上演。十月、東京にて『ふたりの女』、『姉とおとうと』上演。韓国の李煥注国際文学賞を受賞し、韓国での授賞式に出席し講演する。

二〇一一年（平成二十三年）七十一歳

四～六月、大阪、東京にて『ひやりん児』上演。東日本大震災で会場の水戸芸術館が被災し急遽明治大学で東日本大震災お見舞公演を行い、公演後アフター・トークを行う。

十月、東京にて『西陽荘』上演。

二〇一二年（平成二十四年）七十二歳

二月、戯曲集『唐組熱狂集成』（ジョルダンブックス刊）。

四～六月、大阪、東京にて『海星』上演。四月、明治大学文学部客員教授に就任。五月、自宅前で転倒、頭部に重傷（脳挫傷）を負う。十月、東京にて『虹屋敷』再演。

二〇一三年（平成二十五年）七十三歳

一月、二〇一二年度朝日賞受賞。四月、『ダイバダッタ』（幻戯書房刊）。四～六月、『鉛の兵隊』再演。十～十一月、東京にて『糸女郎』再演。

二〇一四年（平成二十六年）七十四歳

五～六月、『桃太郎の母』再演。十～十一月、東京にて『紙芝居の絵の町で』再演。

二〇一五年（平成二十七年）七十五歳

五～六月、『透明人間』再演。十～十一月、東京にて『鯨リチャード』再演。明治大学に唐十郎アーカイヴ設立。

二〇一六年（平成二十八年）七十六歳

四～六月、『秘密の花園』再演。十～十一月、東京にて『夜壺』再演。

二〇一七年（平成二十九年）七十七歳

三月、『唐十郎　特別講義：演劇・文学クロストーク』（国書刊行会刊）。五～六月、『ビンローの封印』再演。十～十一月、『動物園が消える日』再演。

二〇一八年（平成三十年）七十八歳

四～六月、大阪、東京、長野、静岡にて『吸血姫』上演。十～十一月、東京にて『黄金バット　幻想教師出現』上演。

二〇一九年（平成三十一年／令和元年）七十九歳

四〜六月、大阪、東京、宮城、長野にて『ジャガーの眼』再演。六月、流山児★事務所公演『新宿オペラ　由比正雪』上演（流山児祥演出）。同月、新宿梁山泊公演『蛇姫様　わが心の奈蛇』上演（金守珍演出）。十〜十一月、東京にて『ビニールの城』上演。

二〇二〇年（**令和二年**）八十歳

二月、メトロ公演『少女仮面』上演（天願大介演出）。十月、東京にて『さすらいのジェニー』再演。十一月、新宿梁山泊公演『唐版　犬狼都市』上演（金守珍演出）。『実験劇場と唐十郎』展が唐十郎アーカイヴにより開催される（三月、明治大学図書館ギャラリー）。

二〇二一年（**令和三年**）八十一歳

一月、東京にて『少女都市からの呼び声』上演。五〜六月、神戸、東京、長野にて『ビニールの城』再演。十月、劇団唐ゼミ☆公演『唐版　風の又三郎』上演（中野敦之演出）。十二月、コクーンプロダクション21公演『泥人魚』上演（金守珍演出）。

二〇二二年（**令和四年**）八十二歳

四〜六月、神戸、東京、長野、岡山にて『おちょこの傘持つメリー・ポピンズ』上演。六月、新宿梁山泊公演『下谷万年町物語』上演（金守珍演出）。十〜十一月、東京にて『秘密の花園』再演。十一月、流山児★事務所公演『ベンガルの虎』上演（流山児祥演出）。

二〇二三年（**令和五年**）八十三歳

二月、東京にて『赤い靴』若手公演。四〜六月、岡山、神戸、東京、長野にて『透明人間』再演。十〜十一月、東京にて『糸女郎』再演。

二〇二四年（**令和六年**）八十四歳

四〜六月、神戸、岡山、東京、長野にて『泥人魚』再演。東京公演初日前夜の五月四日、急性硬膜下血腫により永眠。同月十三日通夜、翌十四日告別式。十〜十一月、東京にて『動物園が消える日』再演。十月十五日、唐十郎アーカイヴ主催で明治大学紅テント内で「唐十郎さんを追悼する会」が行なわれる。

＊作成にあたり、唐十郎著『風に毒舌』（旺文社文庫）所収・「唐十郎自作年譜」、『作家の自伝・唐十郎――わが青春浮浪伝』（日本図書センター）所収・唐十郎「自作年譜」、『唐組　状況劇場全記録』（PARCO出版）所収・扇田昭彦編資料、堀切直人編著『唐十郎がいる唐組がある二十一世紀』（青弓社）所収・「唐組上演略記」、唐十郎、室井尚著『教室を路地に！』（岩波書店）所収・「劇作を中心とした唐十郎略年譜」、樋口良澄著『唐十郎論』（未知谷）、唐十郎著『唐組熱狂集成』（ジョルダンブックス）、劇団唐組作成の「唐十郎プロフィール」等を参考にした。

唐十郎《からじゆうろう》 襲来《しゆうらい》！

二〇二四年一一月二〇日　初版印刷
二〇二四年一一月三〇日　初版発行

編集　樋口良澄
編集協力　新井学
発行者　小野寺優
発行所　株式会社河出書房新社
〒一六二－八五四四
東京都新宿区東五軒町二－一三
電話　〇三－三四〇四－一二〇一［営業］
〇三－三四〇四－八六一一［編集］
https://www.kawade.co.jp/

組版　株式会社キャップス
印刷・製本　大日本印刷株式会社

Printed in Japan　ISBN978-4-309-25782-2